Informations légales

© 2023
Auteur et éditeur : M.Eng. Johannes Wild
A94689H39927F
E-mail : 3dtech@gmx.de

Les mentions légales complètes du livre se trouvent dans les dernières pages !

Cette œuvre est protégée par le droit d'auteur

L'œuvre, y compris ses parties, est protégée par le droit d'auteur. Toute utilisation en dehors des limites strictes de la loi sur les droits d'auteur est interdite sans l'accord de l'auteur. Ceci s'applique en particulier à la reproduction électronique ou autre, à la traduction, à la diffusion et à la mise à disposition du public. Aucune partie de l'œuvre ne peut être reproduite, traitée ou diffusée sans l'autorisation écrite de l'auteur !

Toutes les informations contenues dans ce livre ont été rassemblées en toute bonne foi et soigneusement vérifiées. La maison d'édition et l'auteur ne garantissent toutefois pas l'actualité, l'exactitude, l'exhaustivité et la qualité des informations fournies. Ce livre est uniquement destiné à des fins éducatives et ne constitue pas une recommandation d'action. L'utilisation de ce livre et la mise en œuvre des informations qu'il contient se font expressément aux risques et périls de l'utilisateur. En particulier, aucune garantie ou responsabilité n'est donnée par l'auteur et l'éditeur pour les dommages matériels ou immatériels résultant de l'utilisation ou de la non-utilisation des informations contenues dans ce livre. Ce livre ne prétend pas être complet ni exempt d'erreurs. Toute revendication juridique ou de dommages et intérêts est exclue. Les contenus des pages Internet reproduites dans ce livre relèvent exclusivement de la responsabilité des exploitants des sites en question. La maison d'édition et l'auteur n'ont aucune influence sur la conception et le contenu des sites Internet tiers. La maison d'édition et l'auteur se distancient donc de tous les contenus étrangers. Au moment de l'utilisation, aucun contenu illégal n'était présent sur les sites Internet. Les marques et noms d'usage cités dans ce livre restent la propriété exclusive de leurs auteurs ou détenteurs respectifs.

Préface

Merci d'avoir choisi ce livre !

Bonjour, vous souhaitez approfondir vos connaissances et vos compétences en conception CAO avec Fusion 360 d'Autodesk ? Alors vous êtes au bon endroit ! Grâce à 10 projets de conception simples ou de difficulté moyenne, ce cours pratique vous permettra d'apprendre de nouvelles approches et de nouvelles fonctionnalités de Fusion 360 et d'améliorer ainsi vos compétences en CAO. Suivez ce cours si vous êtes déjà un débutant dans Fusion 360 et / ou si vous avez déjà suivi le cours de débutant. Si ce n'est pas le cas, jetez d'abord un coup d'œil au cours pour débutants : *"Fusion 360 | étape par étape"*. Je suis ingénieur et je souhaite vous présenter de manière simple et compréhensible le fantastique programme Fusion 360 dans son application pratique. Vous pouvez utiliser Fusion 360 GRATUITEMENT en tant qu'utilisateur privé avec une licence de loisir !

Voici le lien de téléchargement :

https://www.autodesk.de/products/fusion-360/free-trial

Ce cours détaillé et orienté vers la pratique s'adresse spécialement aux utilisateurs (modérément) avancés et montre en détail et étape par étape comment réussir des designs CAO même complexes. Dans ce cours, vous trouverez 10 superbes objets 3D que vous pourrez reconstruire pas à pas. Obtenez votre copie du cours maintenant et commencez à améliorer vos compétences en Fusion 360 dès aujourd'hui !

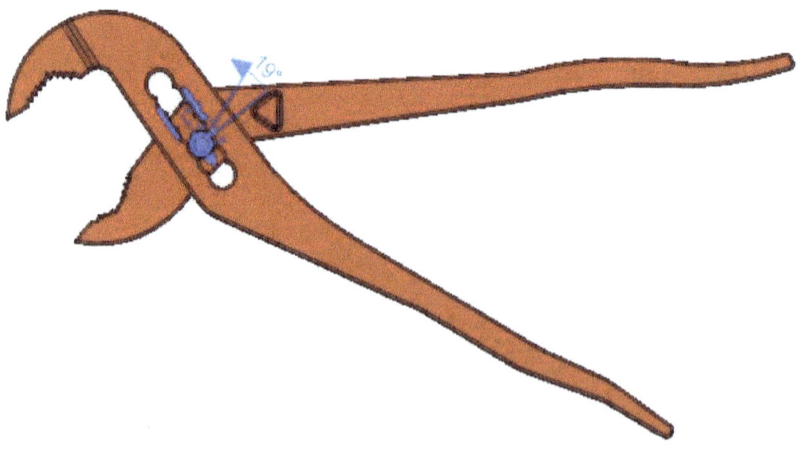

Table des matières

1 Introduction : étendue du cours et logiciel

1.1 Ce qui vous attend dans ce cours et ce que vous allez apprendre

Bonjour et bienvenue au cours Fusion 360 avancé | Partie 1 !
Merci d'avoir choisi ce cours !

Dans ce cours, vous trouverez 10 projets de conception de niveau facile à moyen que vous pourrez reproduire étape par étape dans Fusion 360 d'Autodesk, et ainsi améliorer vos compétences en CAO. Ce cours est aussi pratique que possible. En tant qu'utilisateur avancé, vous n'avez pas besoin d'une grande introduction au programme, mais vous voulez certainement commencer tout de suite. C'est pourquoi, après un bref rappel sur la manière de télécharger le programme, nous commençons immédiatement avec le premier projet de construction.

Comme vous le savez, Fusion 360 d'Autodesk permet non seulement de concevoir, mais aussi de simuler, de rendre, d'animer et plus encore dans une plateforme. Ce cours est spécifiquement dédié à la conception CAO avancée. Pour les autres domaines, vous trouverez à chaque fois des cours spécifiques au fil du temps. Ce cours se concentre donc principalement sur la conception CAO avancée avec Fusion 360 !

Dans ce cours spécialement conçu pour les utilisateurs (modérément) avancés, vous apprendrez à tirer le meilleur parti de Fusion 360 pour concevoir de superbes objets 3D. Ainsi, nous aborderons dans ce cours des projets légers, tels qu'une vis à six pans creux, un tournevis, un vase de fleurs, et des projets de difficulté moyenne, tels qu'un roulement à billes, une télécommande et une pince à tuyau. Mais, ce n'était qu'un petit aperçu, il y a encore de superbes projets qui n'attendent que vous. Dans ce cours, vous construirez chaque objet 3D étape par étape, ce qui vous permettra de vous familiariser avec le logiciel et d'apprendre à utiliser les fonctionnalités de Fusion 360 à chaque projet.

Si vous n'êtes pas un débutant ou si vous n'avez jamais travaillé avec Fusion 360, nous vous recommandons de suivre le cours d'introduction *"Fusion 360 | étape par étape"*. Il s'agit d'une introduction simple et facile à comprendre au programme. Si vous avez déjà suivi ce cours, vous serez prêt pour les projets de conception à venir !

En bref, vous apprendrez en détail dans ce cours :

-   Approfondir les fonctionnalités de base de Fusion 360 dans l'application ainsi que les connaissances des débutants
-   Découvrir de nouvelles fonctions 2D et 3D

- Concevoir de manière pratique à l'aide d'exemples de projets
- Nouvelles approches de la conception
- créer des pièces détachées et des assemblages
- **Réaliser des projets de conception simples:**
- *Ressort hélicoïdal,*
- *Vis à six pans creux,*
- *Roue dentée,*
- *Vase de fleurs,*
- *Tournevis pour vis à fente,*
- *Clé à molette.*
- **Réaliser des projets de conception de moyenne envergure :**
- *Roulements à billes,*
- *Arrosoir,*
- *Télécommande,*
- *Clé à tube.*

Il est préférable de suivre l'ordre indiqué dans le cours, car les leçons de ce cours se suivent également. Il est important que vous suiviez d'abord le cours pour débutants correspondant, car les bases ne sont pas mentionnées dans ce cours. Nous les retrouverons toutefois ici et là au cours de la formation, ce qui contribuera intuitivement à l'approfondissement des connaissances déjà acquises en matière de conception. Après un bref chapitre sur le téléchargement du programme et les programmes alternatifs, nous nous lançons immédiatement dans notre premier projet!

1.2 Fusion 360 et téléchargement du programme

Fusion 360 d'Autodesk offre une interface utilisateur claire et simple, et est également disponible gratuitement pour les utilisateurs privés sous forme de licence personnelle ! Cette version est un peu limitée en termes de fonctionnalités, mais elle est largement suffisante pour les utilisateurs privés et les amateurs. Pour les utilisateurs qui souhaitent utiliser Fusion 360 à des fins commerciales, une version payante complète est disponible dès 60 € par mois. Après avoir créé un compte utilisateur chez Autodesk, vous pouvez choisir l'une des deux versions après avoir comparé les fonctionnalités. Mais comme nous l'avons dit précédemment, si vous êtes un utilisateur privé ou amateur, vous pouvez en tout cas choisir la version gratuite ! Dans ce cas, vous devez certes faire des concessions dans le domaine de la conception générative et de la simulation, car vous avez besoin d'une licence payante pour utiliser ces deux fonctions, mais celles-ci ne sont souvent pas nécessaires pour les amateurs et les utilisateurs privés. En tant qu'utilisateur à domicile, vous pouvez également commencer avec la version gratuite et la mettre à niveau plus tard si nécessaire. Vous pouvez télécharger Fusion 360 directement en ligne après avoir créé un compte d'utilisateur.

La structure des fonctions de conception est relativement identique pour tous les programmes de CAO courants utilisés par les ingénieurs et les techniciens dans leur travail quotidien. La plupart du temps, on utilise d'autres licences de programmes CAO **professionnels** comme "SolidWorks", "CATIA", "Solid Edge" ou "AutoCAD" et "Autodesk Inventor", qui coûtent de un à plusieurs milliers d'euros et ne sont donc généralement rentables que pour les utilisateurs professionnels et les indépendants. Cependant, ils peuvent souvent obtenir une version d'essai de 30 jours ou plus. En tant qu'étudiant, vous avez également la possibilité d'obtenir une licence étudiante gratuite pour la durée de vos études pour la plupart des programmes de CAO.

Et maintenant, c'est parti ! Dans la première section, nous allons approfondir nos connaissances en matière de conception CAO et l'utilisation de Fusion 360 à travers des projets de conception faciles. Pour cela, nous commencerons par un projet très simple, la création d'un ressort hélicoïdal. Mais ne vous inquiétez pas, le niveau de difficulté augmente avec chaque projet, il devrait donc y en avoir pour tout le monde !
C'est parti !

Section I : Projets de conception simples

2 Projet 1 : Ressort hélicoïdal

Nous allons maintenant passer au premier projet de construction ! Pour nous échauffer, nous créons un ressort hélicoïdal qui, à première vue, semble déjà un peu plus compliqué.

Cependant, comme il y a une fonction spéciale pour cela dans Fusion 360, ce sera un jeu d'enfant. Cette fonction s'appelle "Coil" et se trouve dans le menu "Create".

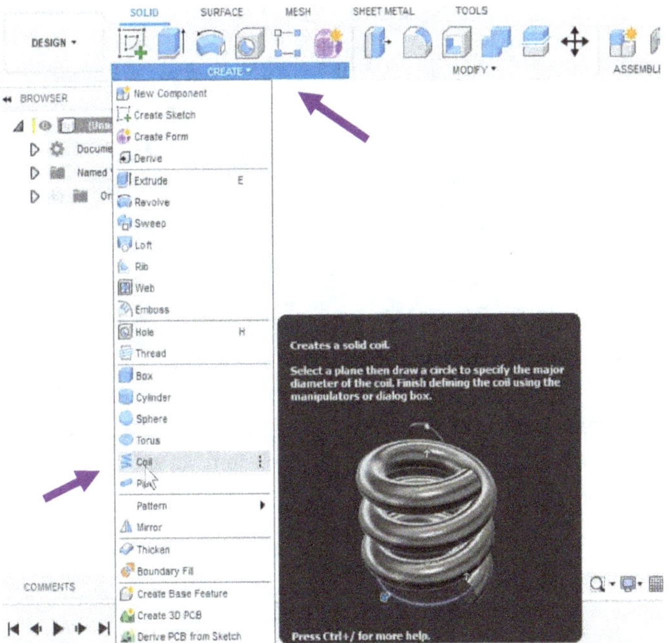

Pour créer un ressort hélicoïdal, nous devons d'abord sélectionner un plan et esquisser son diamètre. Par exemple, nous sélectionnons le plan x-y et définissons le diamètre à 10 mm.

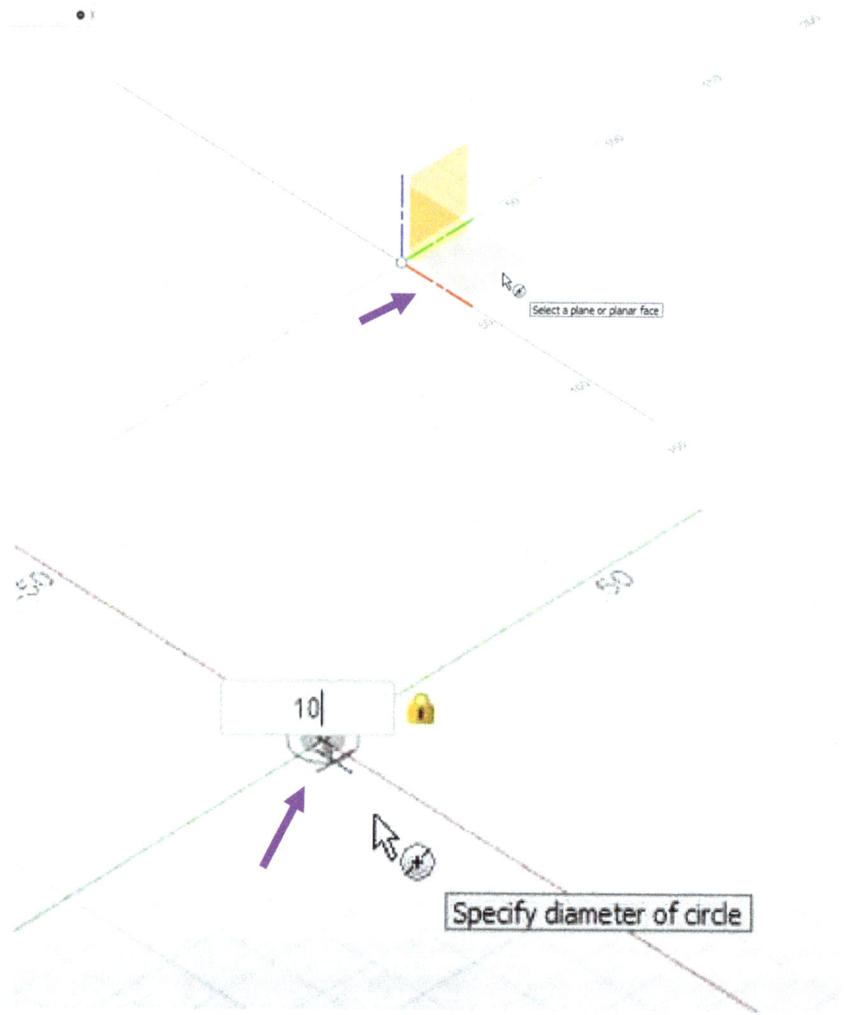

Le programme crée alors un ressort hélicoïdal. Nous pouvons ensuite définir la hauteur, le nombre de tours et d'autres paramètres. Par exemple, nous pouvons choisir une hauteur de 40 mm.

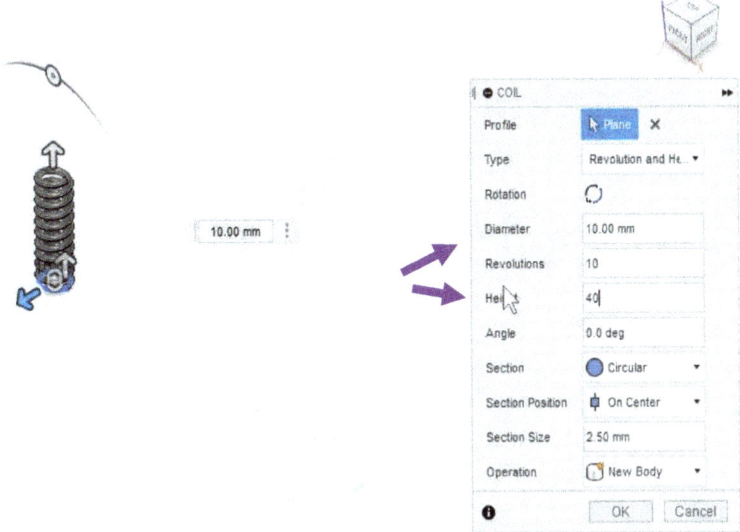

Et puis, le ressort est déjà terminé. Comme je l'ai dit, ce projet était vraiment très simple et ne servait que d'échauffement. Ne vous inquiétez pas, le niveau de difficulté augmente au fil des projets. De nombreux projets intéressants et parfois complexes vous attendent encore ! Le projet suivant consistera à construire une vis à six pans creux avec tous les détails.

3 Projet 2 : vis à six pans creux

Dans ce deuxième projet de conception, nous voulons augmenter légèrement le niveau de difficulté et concevoir une vis à six pans creux M8 x 30 avec une longueur de filetage complète. Les dimensions sont disponibles sur Internet, dans un manuel de construction mécanique ou dans un catalogue de pièces normalisées. Nous pouvons concevoir cette vis de deux manières. D'une part, à l'aide d'une ou plusieurs extrusions et, d'autre part, à l'aide de la fonction "Revolve" en tant que pièce tournée. Nous utiliserons cette dernière méthode, car elle est plus rapide. Pour cela, nous avons d'abord besoin d'une moitié de la section de la vis. Vous pouvez imaginer que vous coupez la vis en deux. Nous devons dessiner une moitié du profil qui sera alors visible. Pour ce faire, nous créons une esquisse sur le plan x-z et dessinons une ligne horizontale de 4 mm et une ligne verticale de 30 mm qui lui fait suite.

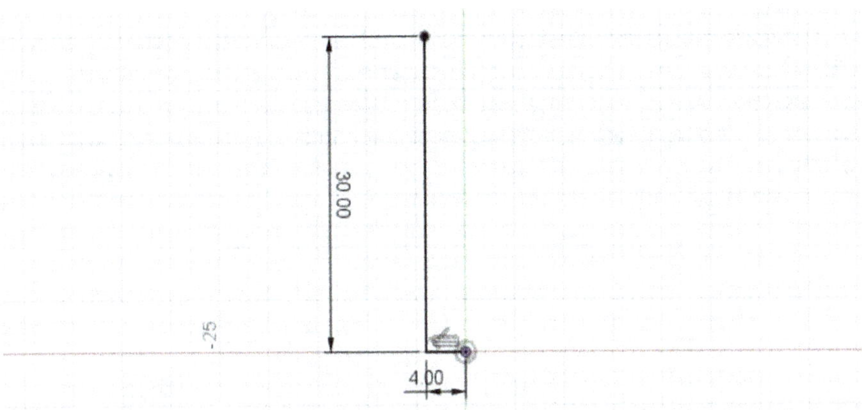

Il s'agit de la tige de la vis. Pour la tête, nous avons besoin d'une ligne horizontale de 2,5 mm, d'une ligne verticale de 8 mm et d'une autre ligne horizontale de 6,5 mm. Enfin, nous relions le point le plus haut au point le plus bas à l'aide d'une ligne verticale, de sorte que le profil soit complètement fermé.

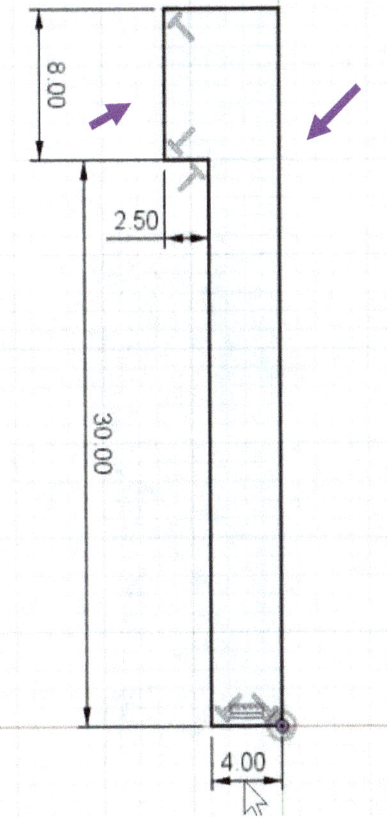

Comme vous pouvez le voir à la couleur noire, le profil est également entièrement défini. Veillez toujours à cela. Ce profil représente maintenant la moitié de la section de la vis. Après avoir terminé l'esquisse, nous pouvons faire pivoter le profil autour d'un axe en mode 3D. Pour cela, nous sélectionnons le profil et la fonction "Revolve". Nous devons ensuite choisir l'axe autour duquel nous voulons effectuer la rotation. Dans notre cas, il s'agit de l'axe z bleu.

Le corps de base de la vis est maintenant créé.

Avant de créer le filetage, nous ajoutons d'abord des arrondis et des chanfreins comme suit : nous arrondissons les arêtes de la tête de 0,5 mm chacune avec la fonction "Fillet".

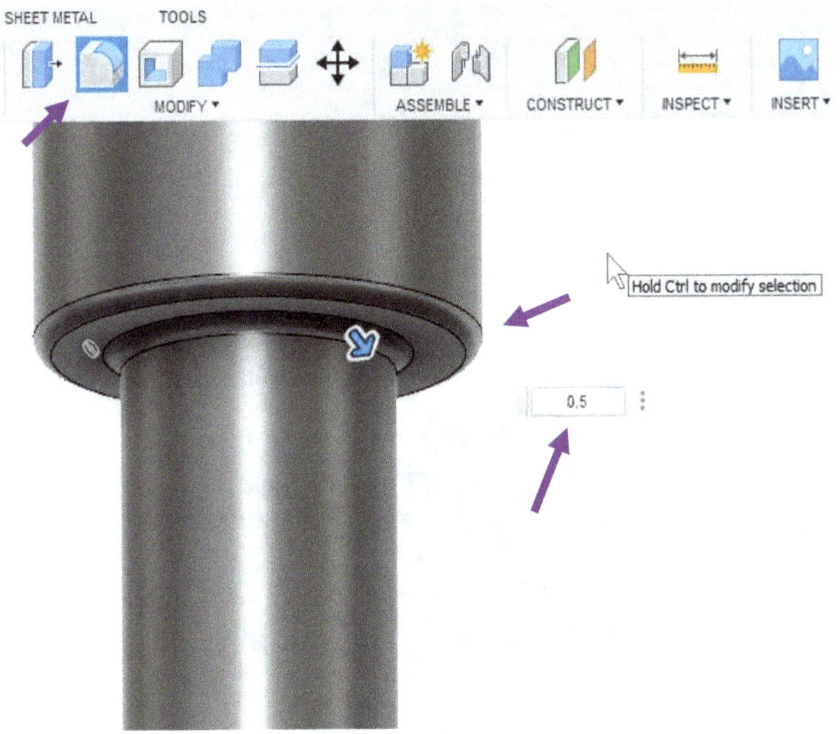

Pour le bord le plus bas, nous créons un chanfrein de 1 mm avec "Chamfer".

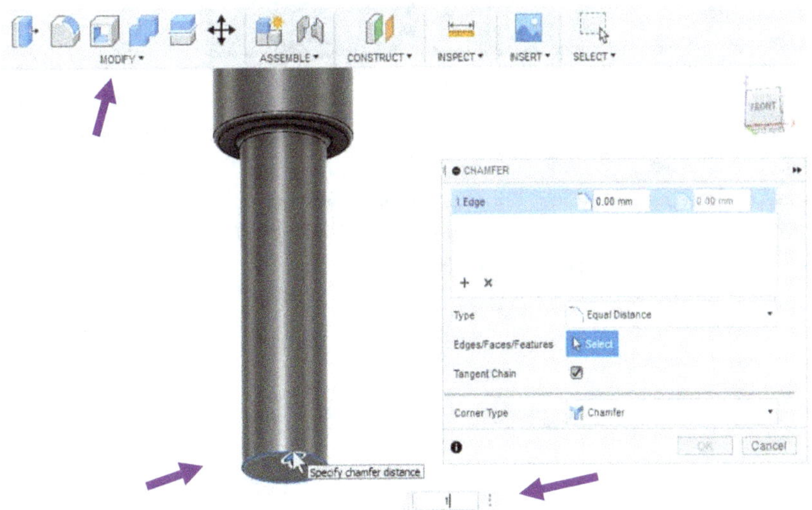

L'étape suivante est consacrée au fil, que nous pouvons créer avec la fonction "Thread" du menu "Create".

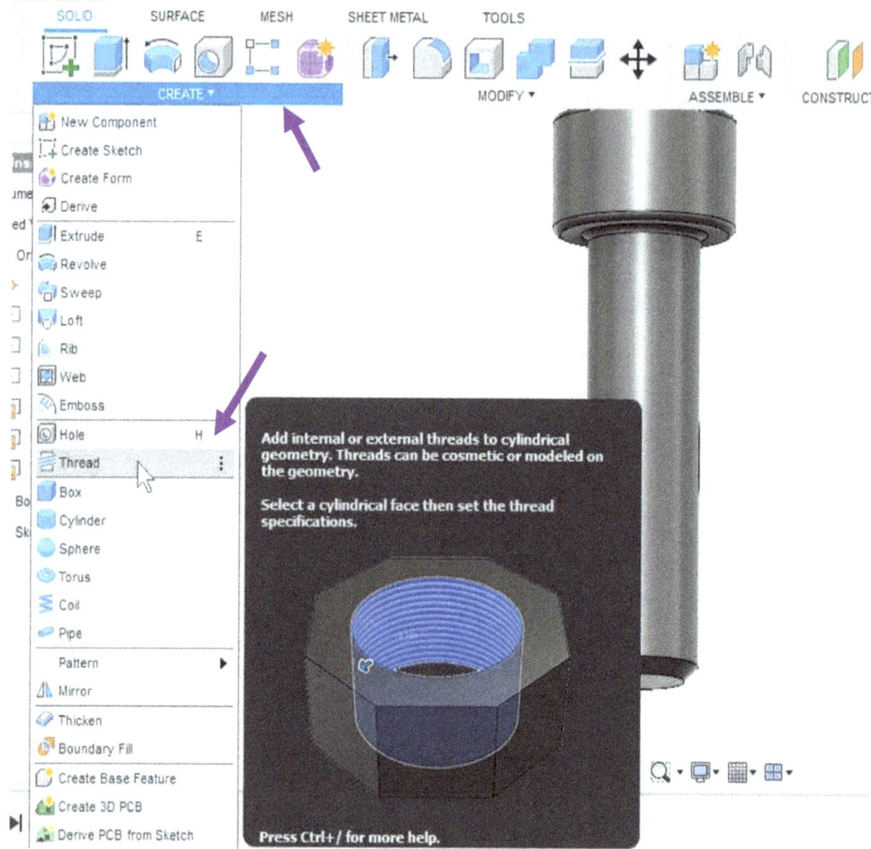

Il suffit de sélectionner la fonction, de choisir une face, dans ce cas la tige, et de définir les paramètres du filetage dans les préférences. Nous voulons un filetage sur toute la longueur, nous activons donc "Full Length", ainsi qu'un modèle réel du filetage au lieu d'une simple représentation graphique, nous activons donc "Modeled". Il s'agit d'une vis M8, la taille appropriée est déjà définie : M8 x 1,25. Veillez à ce qu'un profil de filetage isométrique soit défini. Excellent !

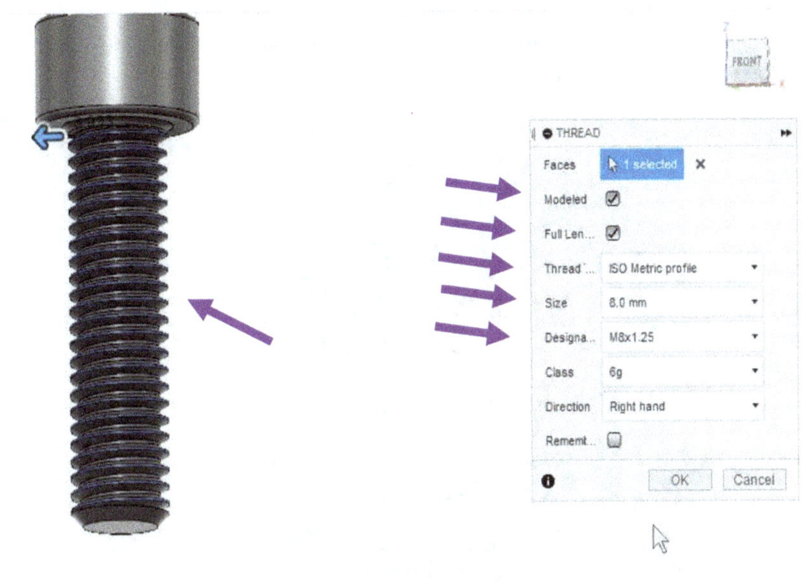

Presque terminé ! Il nous manque maintenant le profil hexagonal interne pour accueillir l'outil. Pour cela, nous créons d'abord un trou sur la face supérieure de la tête de vis avec la fonction "Hole". Il doit s'agir d'un trou simple, sans filetage. Le trou doit avoir une profondeur de 4 mm et un diamètre de 6 mm.

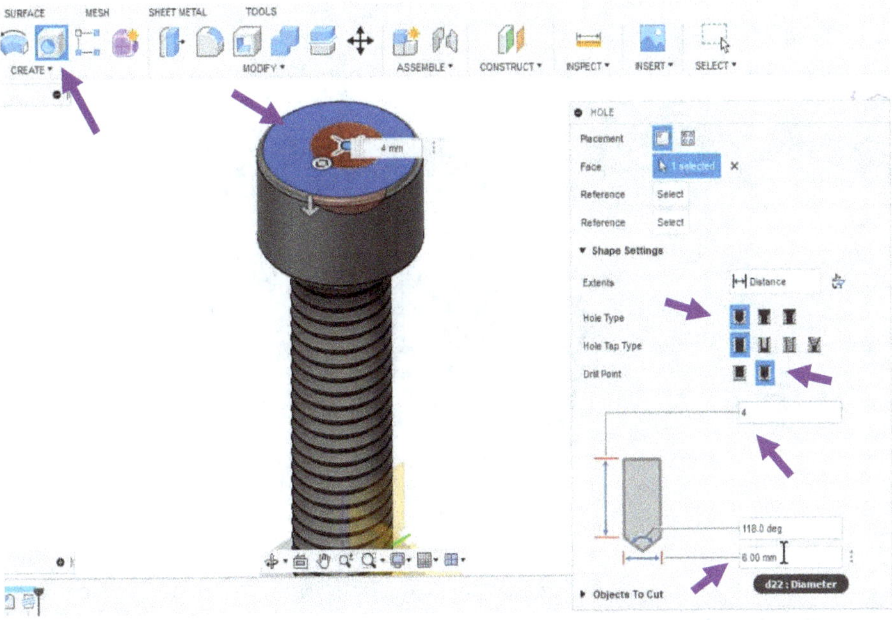

Enfin, nous déterminons la position en faisant glisser le centre du trou avec la souris sur le centre de la tête de vis.

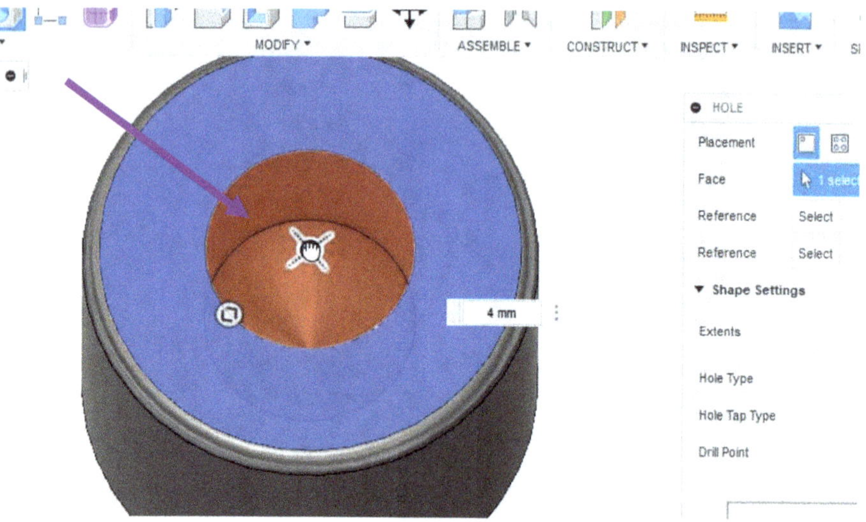

L'étape suivante consiste à créer le profil d'hexagone interne. Pour cela, nous dessinons un polygone sur la face supérieure de la tête de vis, qui se trouve dans le menu "Create". Nous avons besoin d'un "inscribed polygon" (polygone inscrit).

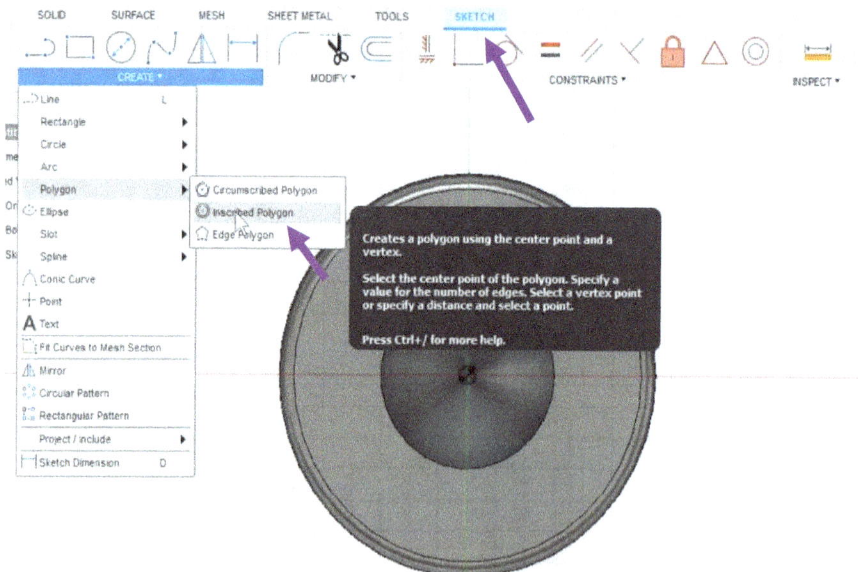

Il suffit de tracer le cercle et de placer une cote. Nous avons besoin de 6 mm entre les arêtes du polygone.

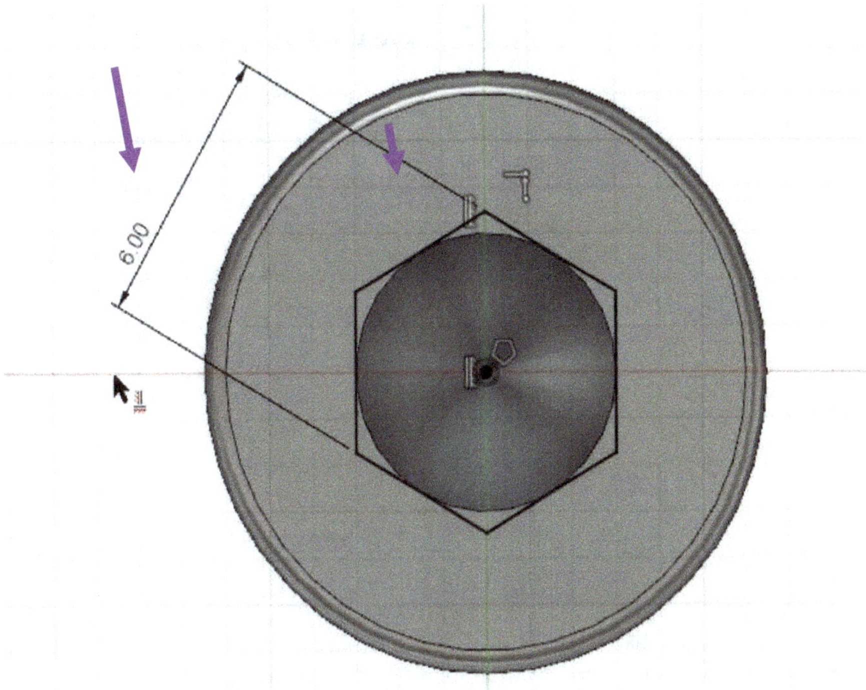

Pour définir complètement le profil, nous plaçons encore le sommet supérieur en relation verticale avec l'origine. Nous pouvons maintenant fermer l'esquisse. Ensuite, nous sélectionnons la fonction "Extrusion", ainsi que les sections restantes du profil hexagonal et les extrudons à -4 mm.

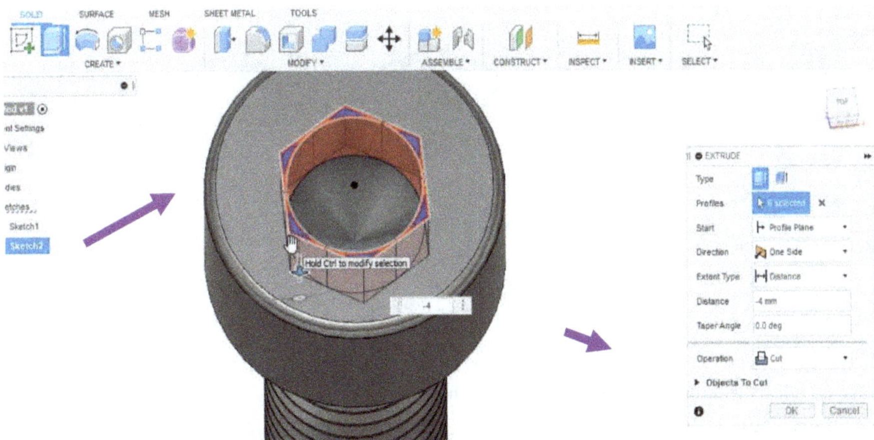

Le programme passe alors automatiquement au réglage "Cut" et coupe le matériau. La vis à six pans creux est terminée.

4 Projet 3 : Roue dentée

Le prochain projet consiste à concevoir un engrenage qui pourrait faire partie d'une machine plus complexe. Pour la roue dentée, nous procédons comme suit : Nous créons le corps de base de l'engrenage, y compris les dents et le logement central, en une seule esquisse afin d'être le plus efficace possible. Pour ce faire, nous réalisons une esquisse sur le plan x-y afin d'avoir une vue d'ensemble de la pièce. Pour le corps de base, nous avons d'abord besoin d'un cercle de 50 mm.

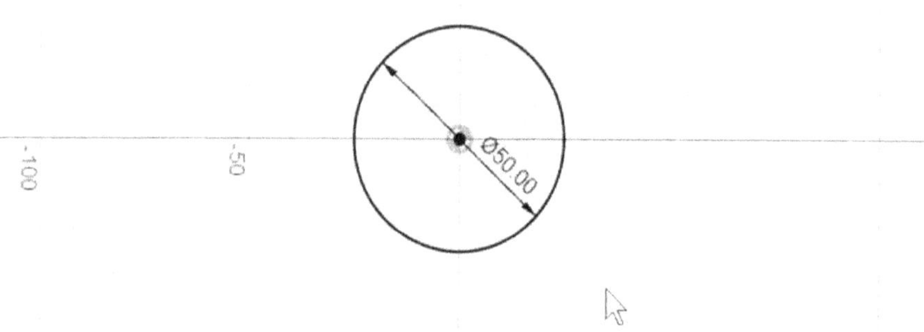

Nous allons ensuite découper les dents de la roue dentée dans ce corps de base. Pour ce faire, nous allons esquisser la première dent dans la partie supérieure. Nous ne dessinons d'abord qu'une moitié de la dent et la reflétons ensuite. Pour cela, nous avons besoin d'une ligne horizontale de 1 mm.

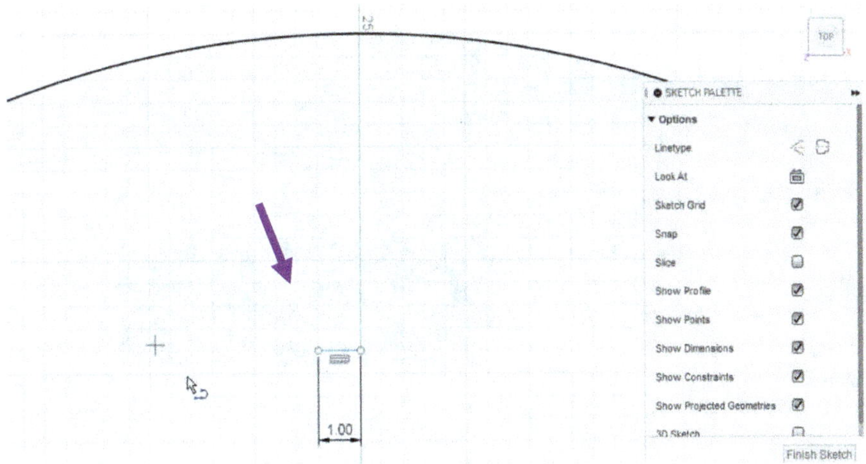

Ensuite, une deuxième ligne oblique suit.

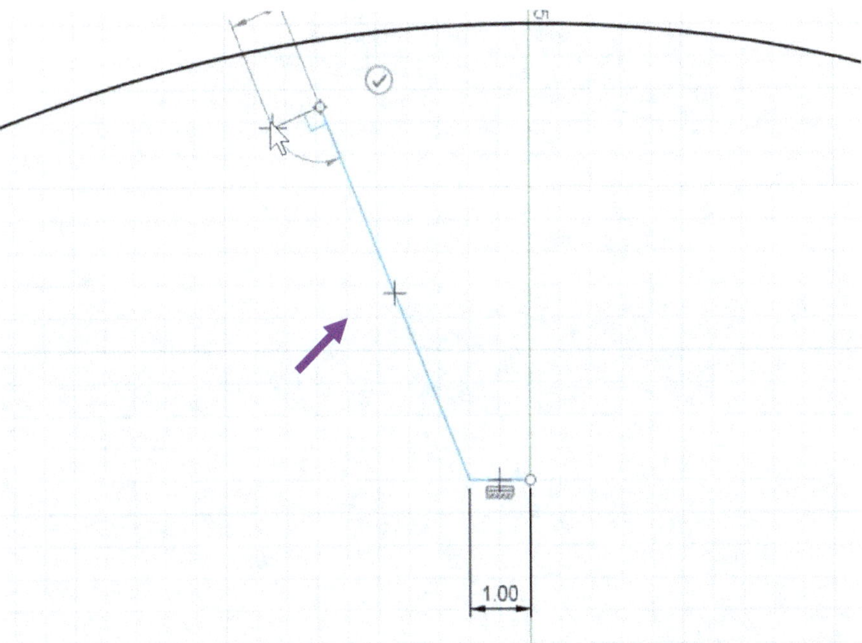

Dans la zone supérieure, nous ajoutons ensuite un arc de tangente dont les points de départ et d'arrivée doivent se situer d'une part, sur le cercle, d'autre part, sur le point d'arrivée de la ligne oblique.

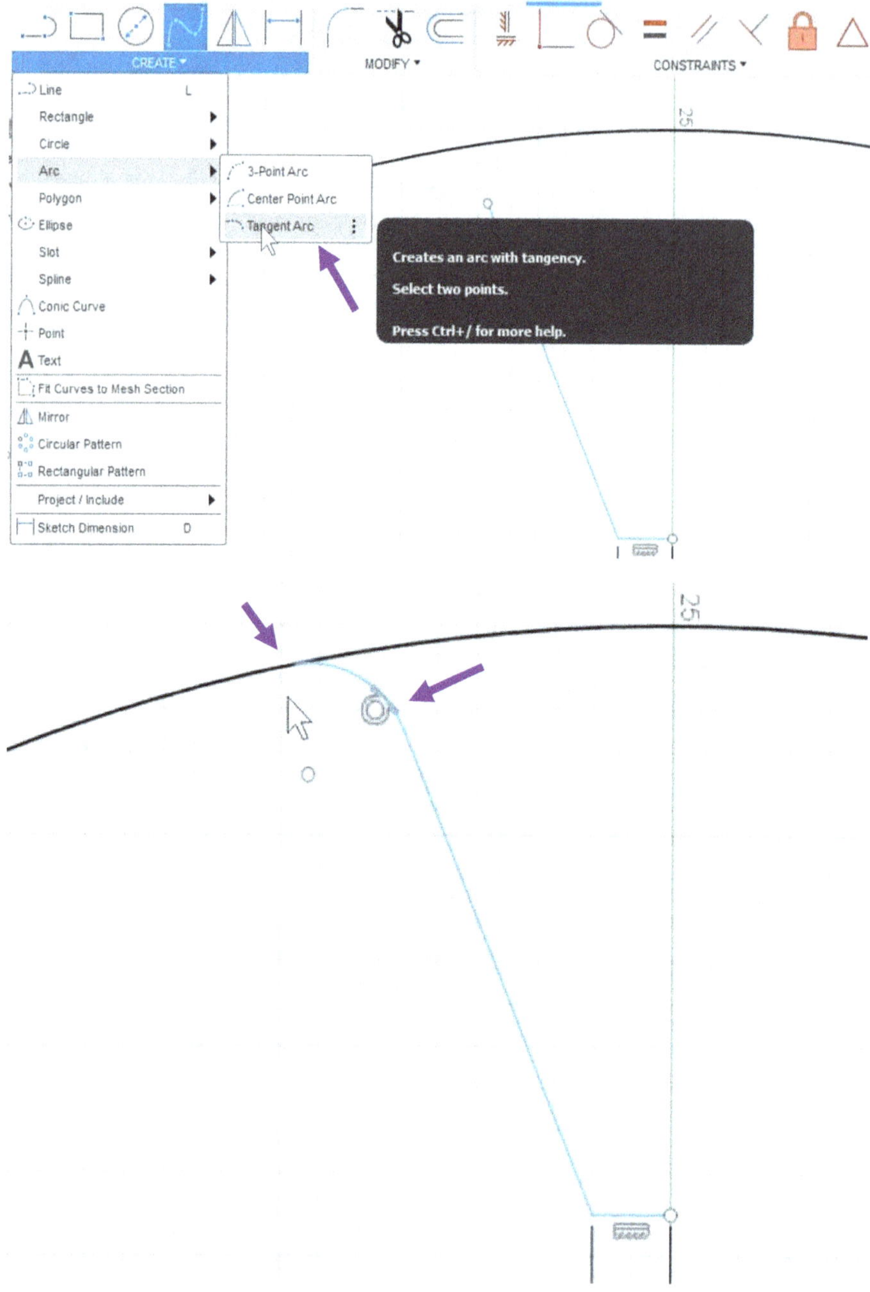

La distance verticale entre le coin de l'arc de tangente et le point de départ de la première ligne est ensuite mesurée à 3 mm.

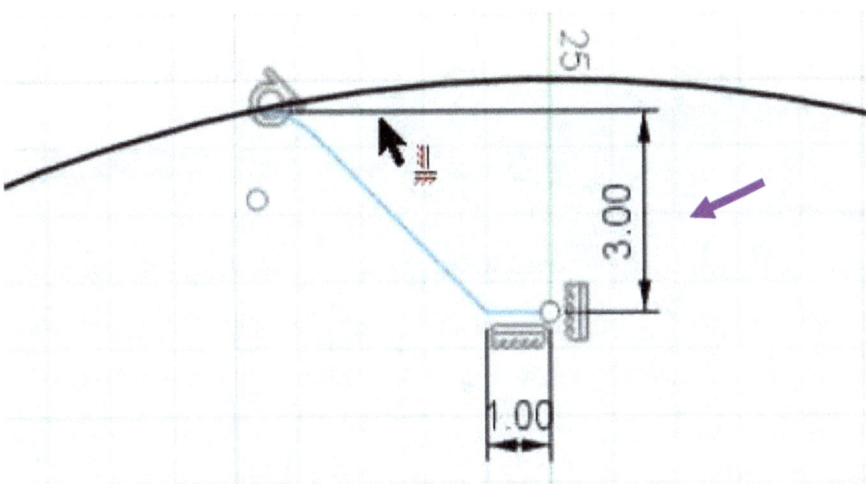

Nous relions ensuite verticalement le point de départ de la première ligne tracée à l'origine et nous mesurons horizontalement une distance de 2 mm entre le sommet de l'arc de tangente et le point de départ de la première ligne.

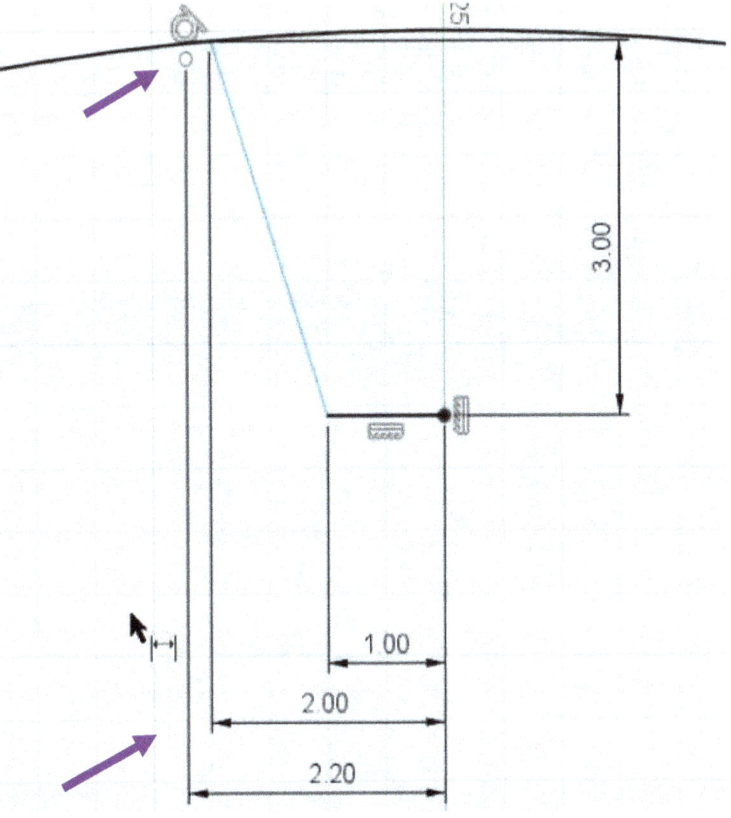

De plus, nous cotons le centre de l'arc de tangente, qui se trouve actuellement dans la zone gauche, à 2,2 mm de la ligne centrale. Enfin, nous définissons le rayon de l'arc de tangente à 0,5 mm.

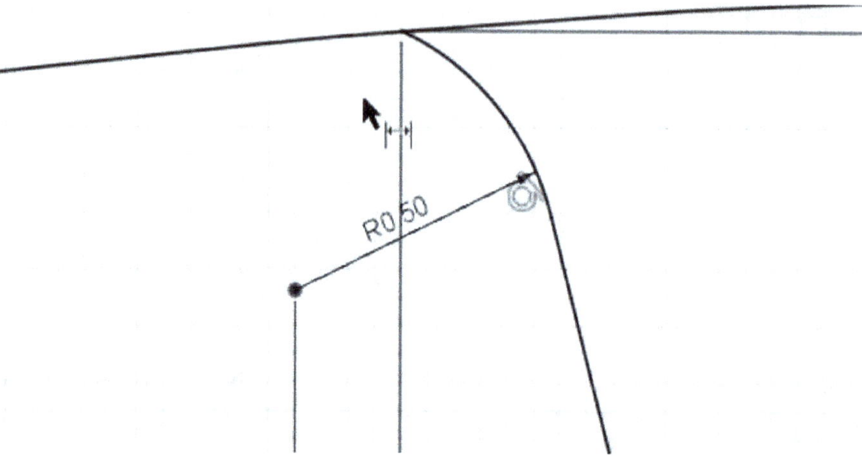

Le profil est maintenant entièrement défini et peut être mis en miroir. Nous allons d'abord intégrer un arrondi dans la zone inférieure gauche. Pour ce faire, nous utilisons la fonction "Fillet" déjà dans la zone 2D et inscrivons un rayon de 0,5 mm.

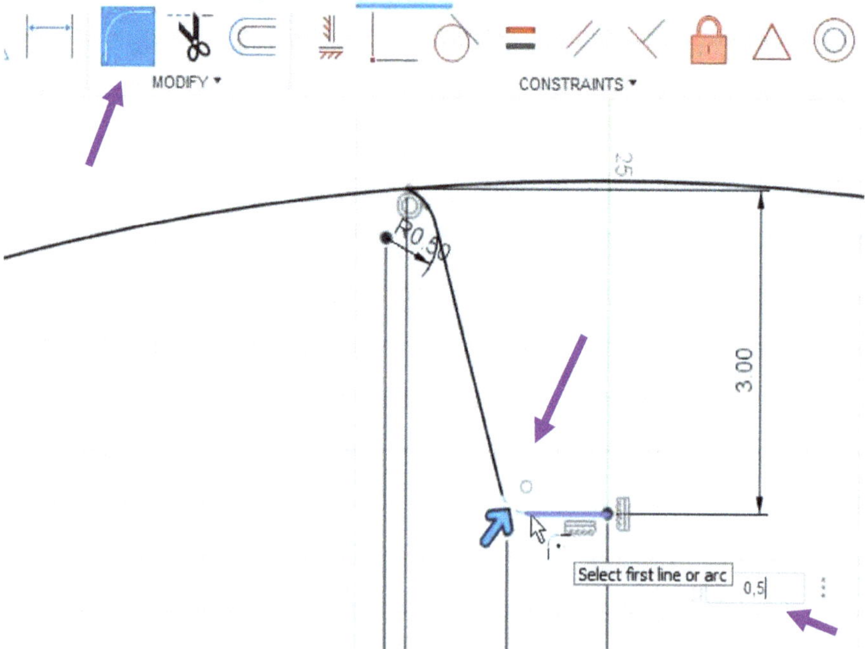

Pour comprendre, nous aurions pu dessiner la dent de l'engrenage sans congés, puis l'arrondir en mode 3D. Cependant, comme nous avons besoin d'un grand nombre de ces dents, nous nous épargnerons beaucoup de travail en créant l'arc de tangente et le congé à cette première étape. Pour retourner le profil, nous avons encore besoin d'un axe de miroir que nous créons à partir d'une ligne que nous transformons en géométrie de construction par un clic droit.

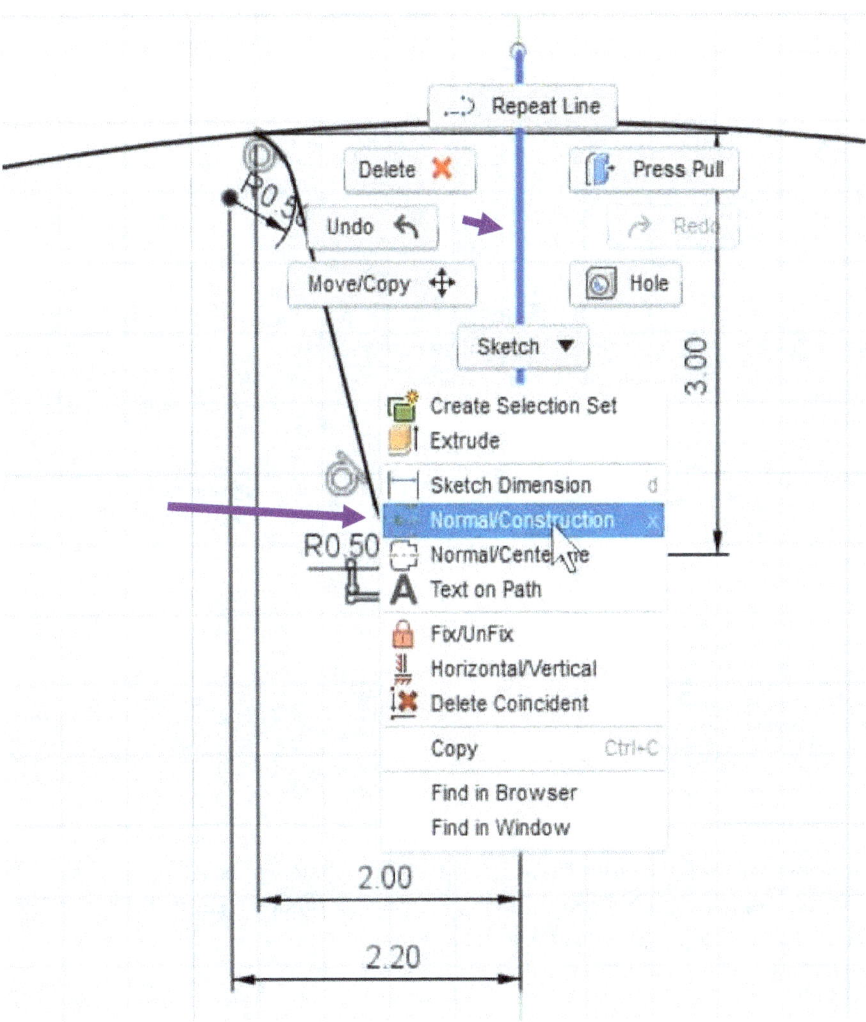

Ensuite, nous sélectionnons la fonction "Mirror" dans la section "Create" et choisissons d'abord les objets à refléter.

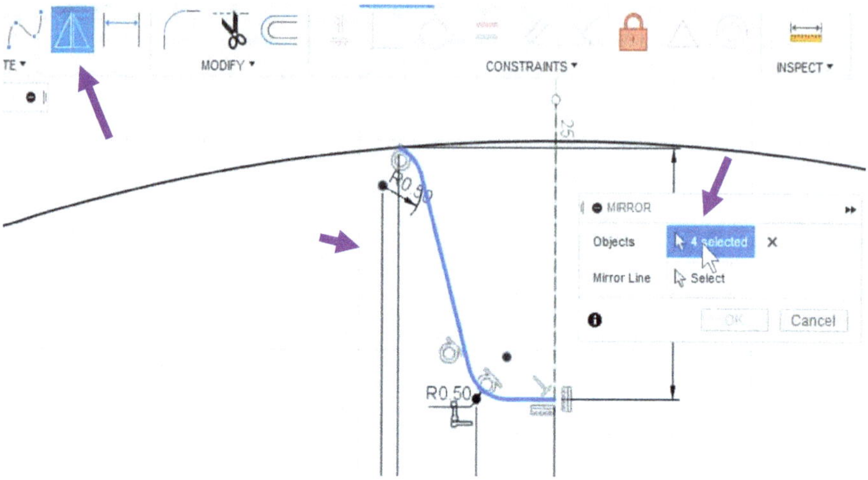

Ensuite, changez la sélection dans les paramètres pour l'axe miroir et sélectionnez la ligne de construction verticale. La première dent est prête.

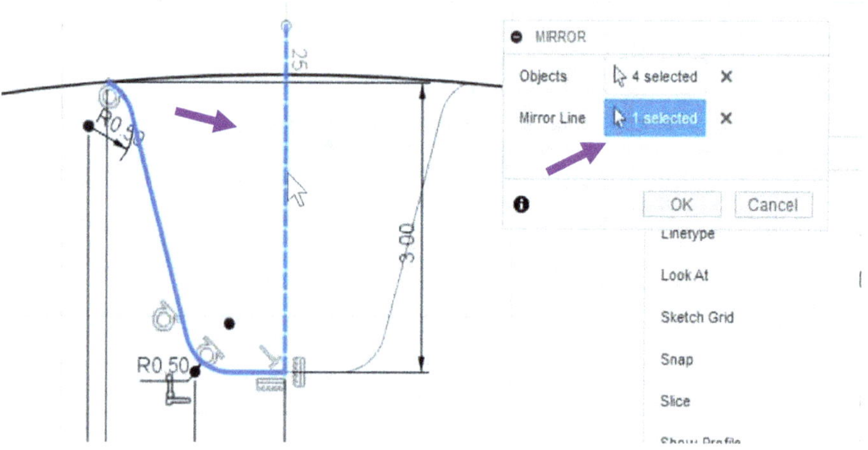

Pour éviter d'avoir à dessiner plus de 20 dents supplémentaires, nous utilisons la fonction "Pattern" ou "Circular Pattern", qui nous permet de créer un motif circulaire ou des copies dans une disposition circulaire.

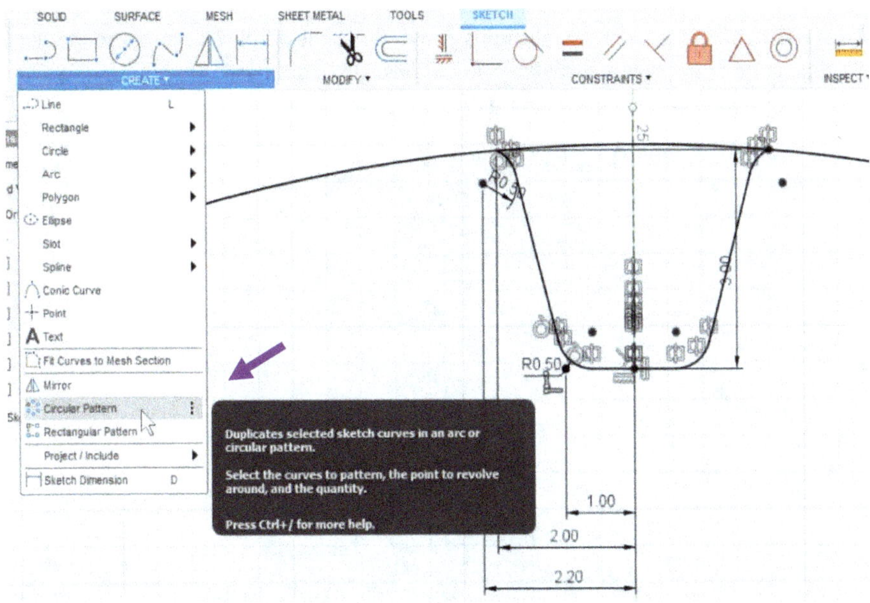

Pour ce faire, sélectionnez d'abord toutes les lignes et tous les arcs de la première dent, changez la sélection dans les paramètres pour "Center Point", puis sélectionnez le centre du cercle (origine).

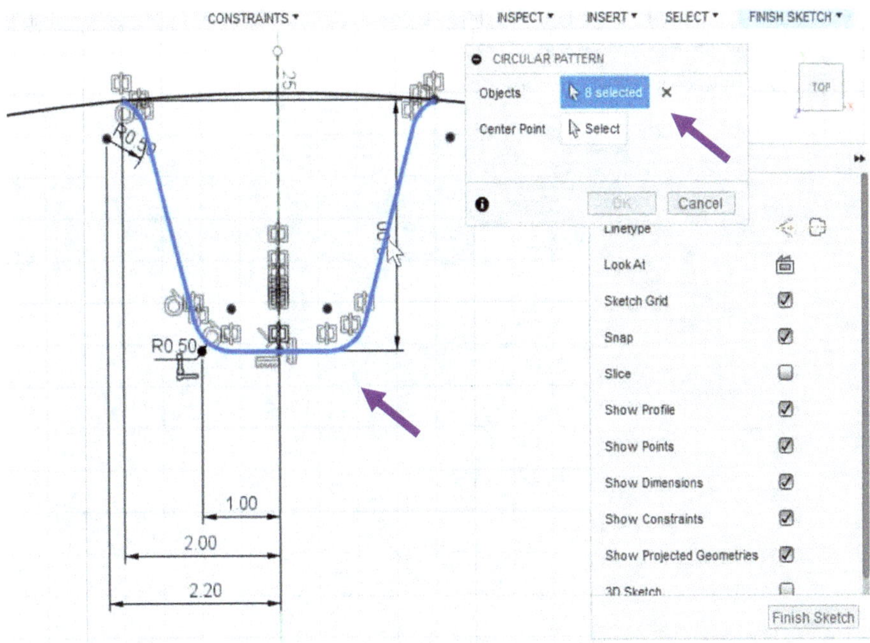

Une fenêtre apparaît, dans laquelle nous pouvons saisir le nombre de dents souhaitées. J'ai déjà testé ce nombre au préalable. Pour que chaque dent soit rattachée à une autre dent, nous avons besoin d'un nombre de 25.

Confirmez en cliquant sur "Ok". Comme vous pouvez le constater, cette fonction de motif nous a considérablement simplifié la construction. Il ne nous reste plus qu'à supprimer les limites supérieures entre chaque dent avec la fonction "Trim" pour obtenir la première partie de la roue dentée.

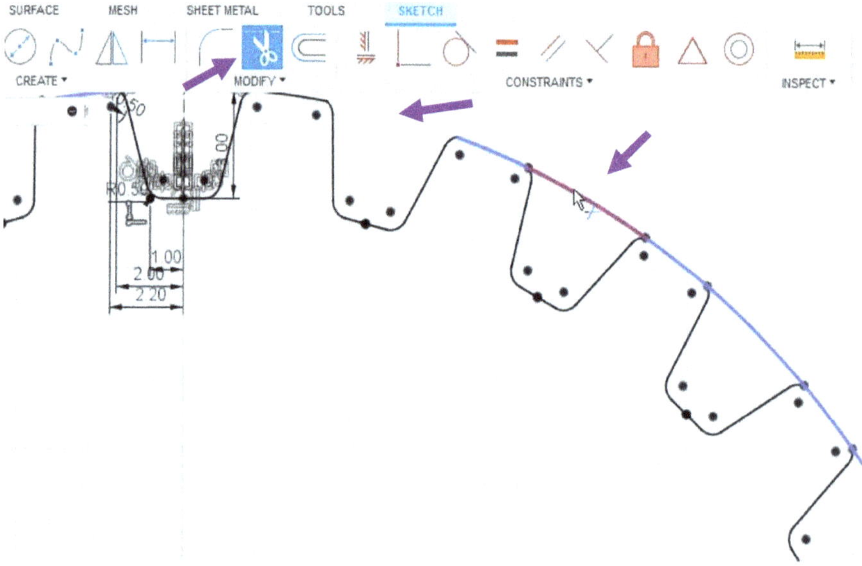

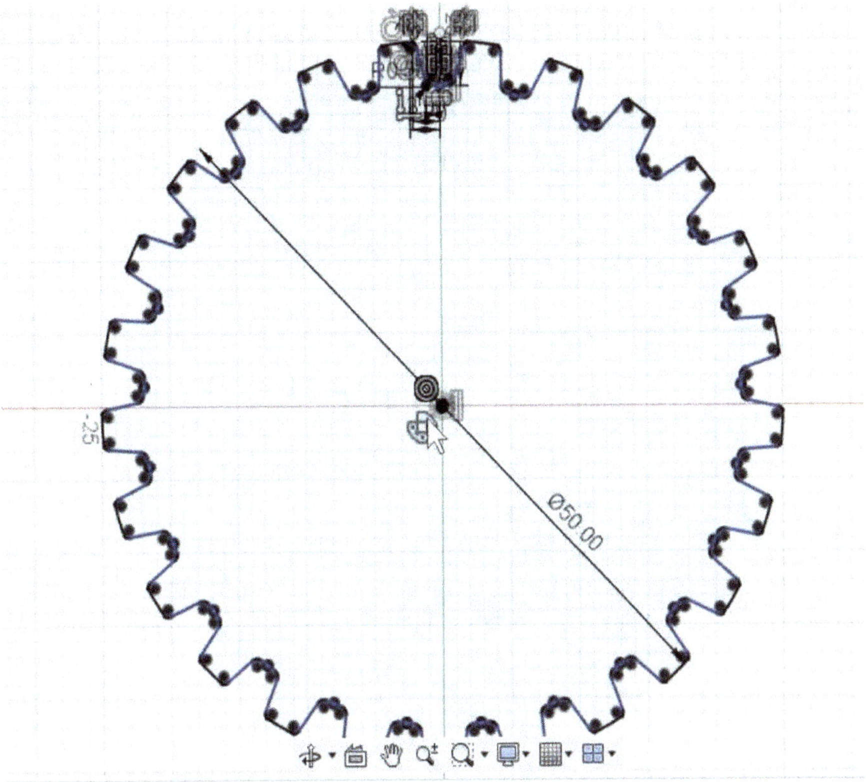

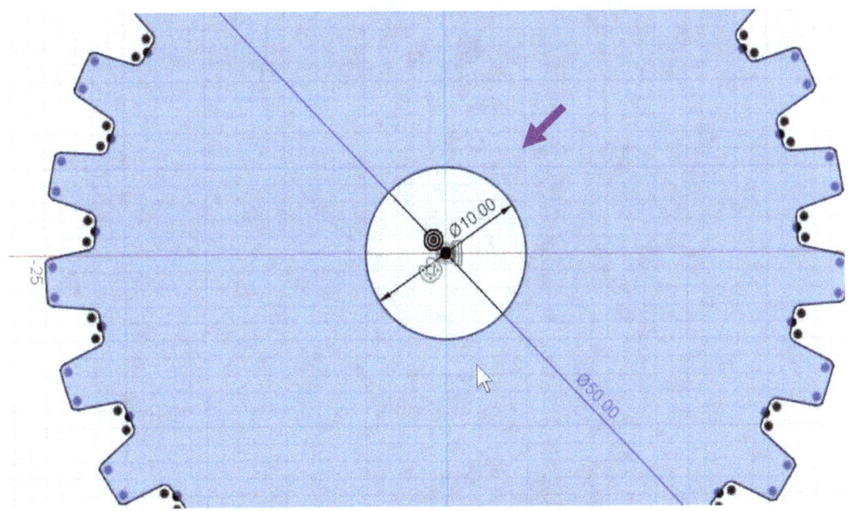

Pour la deuxième partie de l'engrenage, le trou ou la découpe pour un arbre avec un nez d'entraînement, nous avons d'abord besoin d'un cercle de 10 mm de diamètre au centre.

Nous créons ensuite la section rectangulaire pour un nez d'entraînement à l'aide d'une ligne verticale de 3 mm dont le point de départ doit se trouver sur le cercle, suivie d'une ligne horizontale de 4 mm et d'une autre ligne verticale qui doit se terminer sur le cercle, complétant ainsi le profil rectangulaire. Nous ajoutons une cote de 2 mm de l'une des deux lignes latérales à l'origine et supprimons finalement le segment de cercle superflu avec "Trim".

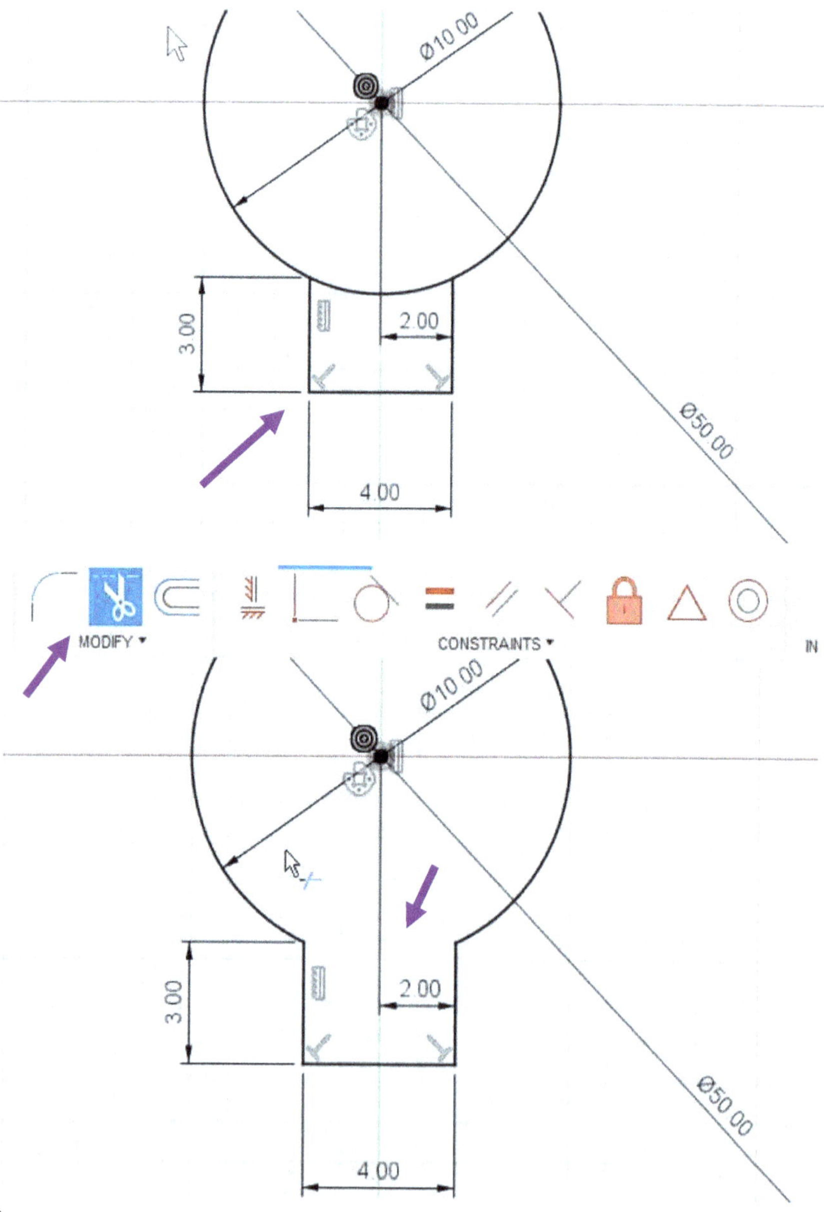

Maintenant, le corps de base complet de l'engrenage est prêt dans la zone 2D et peut être extrudé dans la zone 3D avec "Extrude" 10 mm.

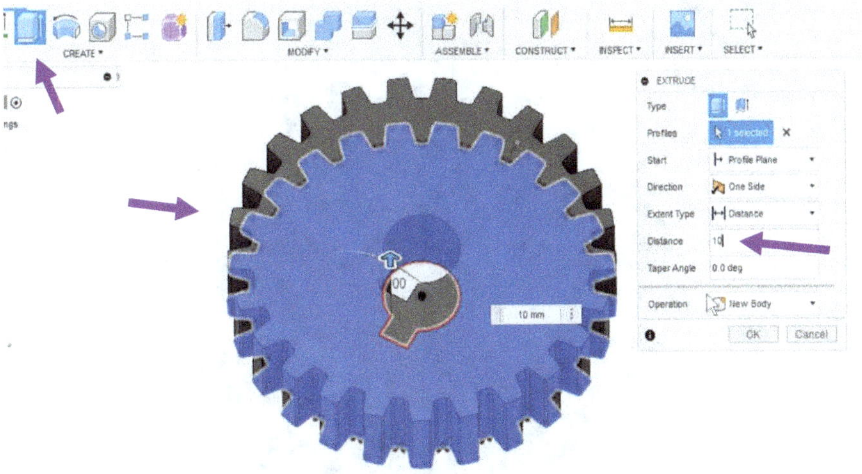

Nous voyons également qu'il n'est plus nécessaire de créer manuellement des congés sur les bords de chaque dent de l'engrenage, car ils sont déjà présents dans notre géométrie de profil.

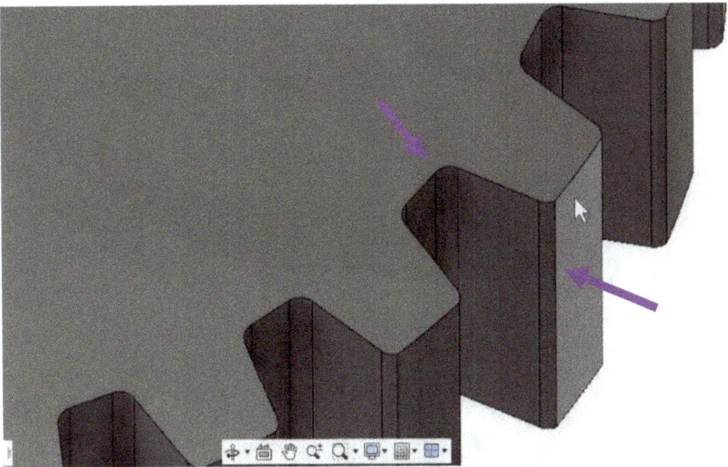

Nous avons seulement besoin d'un arrondi pour les bords périphériques des deux surfaces de couverture, que nous pouvons créer facilement et rapidement avec "Fillet". Pour cela, il suffit de sélectionner les deux surfaces et de saisir, par exemple, 0,2 mm.

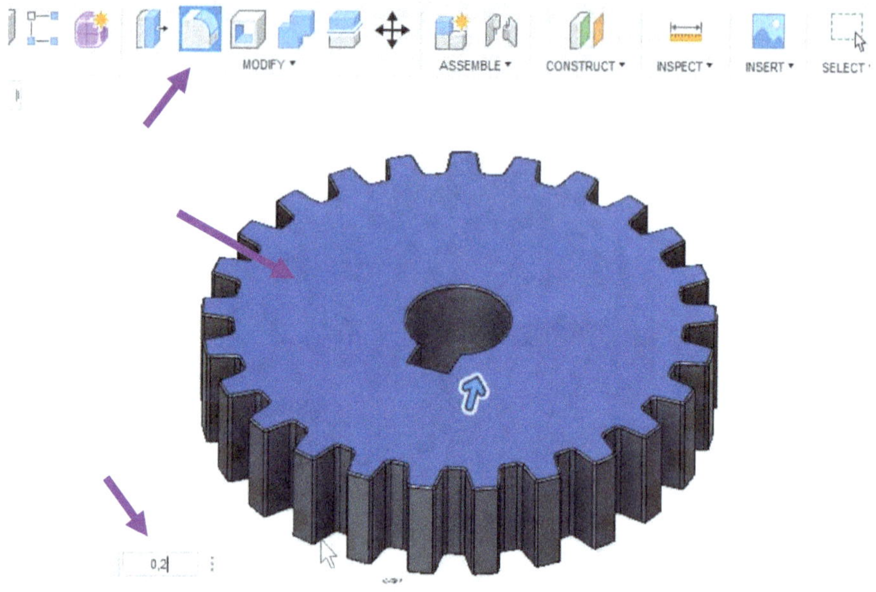

Nous avons réussi ! Après une courte pause, nous passons au projet suivant ! Nous allons créer un vase de fleurs artistique. Dans la deuxième section, c'est-à-dire dans les projets de construction de difficulté moyenne, vous trouverez d'ailleurs quelques autres objets plus généraux, comme une télécommande ou un arrosoir, et pas seulement des projets de construction techniques, comme c'est le cas pour la plupart dans cette section.

5 Projet 4 : Vase de fleurs

Bon retour parmi nous ! Dans ce projet, nous allons concevoir un vase de fleurs chic, que nous construirons comme une simple pièce de révolution. Pour ce faire, nous allons commencer une esquisse, par exemple sur le plan x-z, et dessiner la moitié de la section transversale du vase, comme nous l'avons fait pour la vis. Nous commençons par une ligne verticale de 250 mm de long, qui représente la ligne centrale de notre dessin. Nous mesurons l'extrémité supérieure à 85 mm de l'origine et relions la ligne "coïncidente" à l'origine afin de la définir complètement.

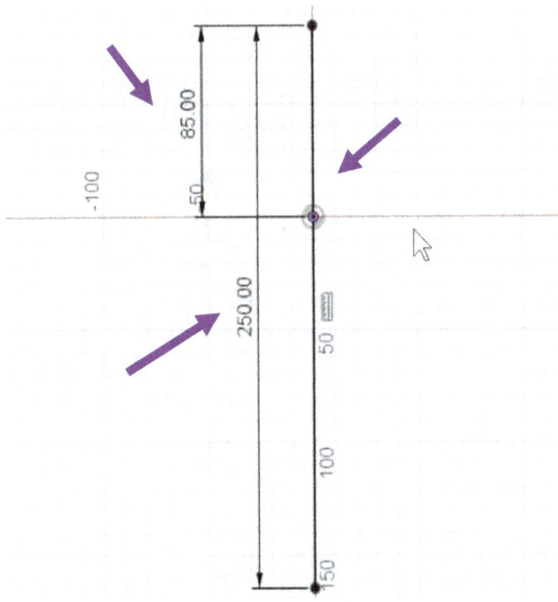

Ensuite, nous esquissons les lignes de délimitation horizontale supérieure et inférieure de notre vase, avec 35 mm pour la ligne supérieure et 45 mm pour la ligne inférieure.

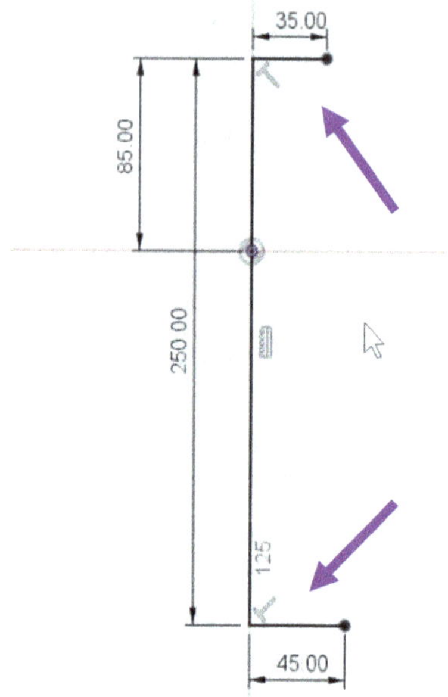

D'autres lignes horizontales suivent ensuite, qui serviront de lignes auxiliaires, c'est-à-dire de lignes de construction pour la paroi extérieure du vase. Une ligne de 25 mm et une ligne de 55 mm.

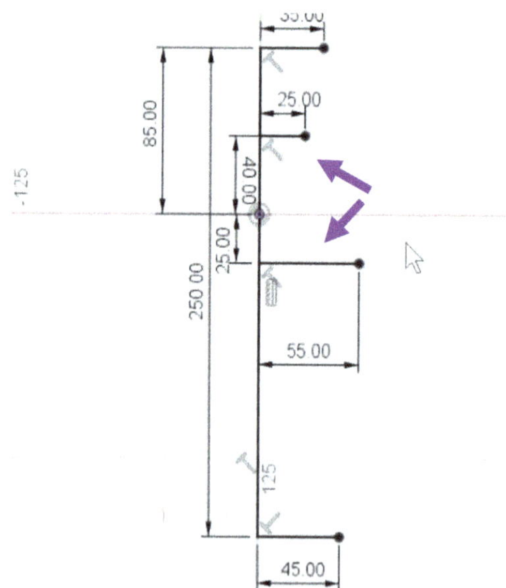

La ligne de 25 mm est placée à 40 mm de l'origine et l'autre ligne à 25 mm de l'origine. Les deux points de départ des lignes sont placés en coïncidence sur la verticale, si cette relation n'a pas été définie lors du dessin. Après la conversion en lignes de construction, nous dessinons des lignes de connexion comme indiqué.

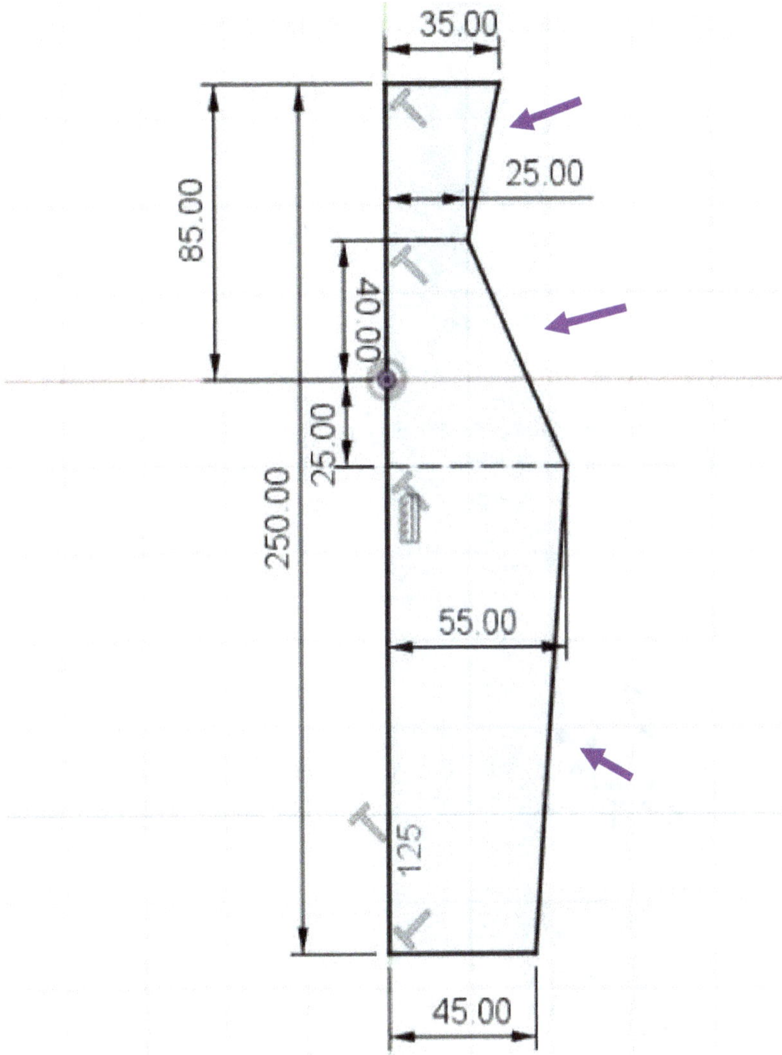

Nous pouvons ensuite passer en mode 3D et créer le vase avec la commande "Revolve". Pour cela, nous sélectionnons comme d'habitude le profil, s'il n'est pas déjà sélectionné, ce qui est peu probable, puis l'axe de rotation, qui est dans notre cas l'axe z bleu. Nous avons à nouveau besoin de 360 degrés pour la rotation et nous pouvons alors confirmer.

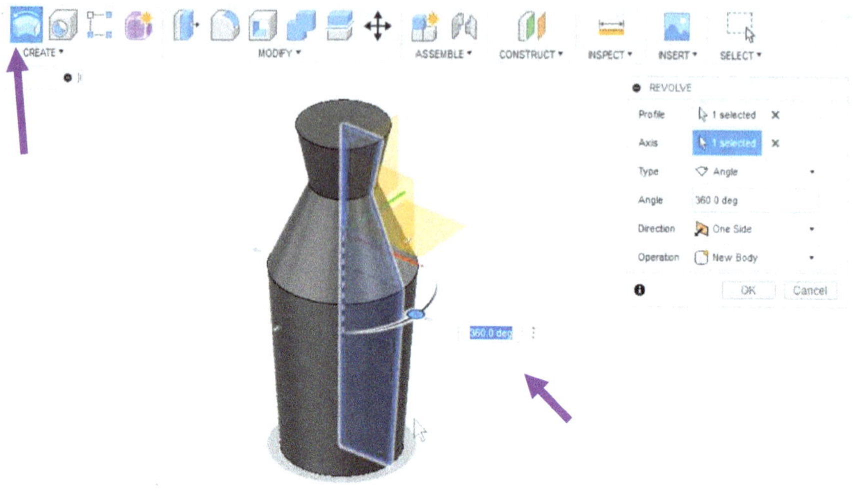

Le corps de base du vase de fleurs est maintenant terminé. Ensuite, nous creusons le corps en utilisant la commande "Shell" et en cliquant sur la surface supérieure du vase. Pour l'épaisseur de la paroi, nous pouvons choisir par exemple 3 mm.

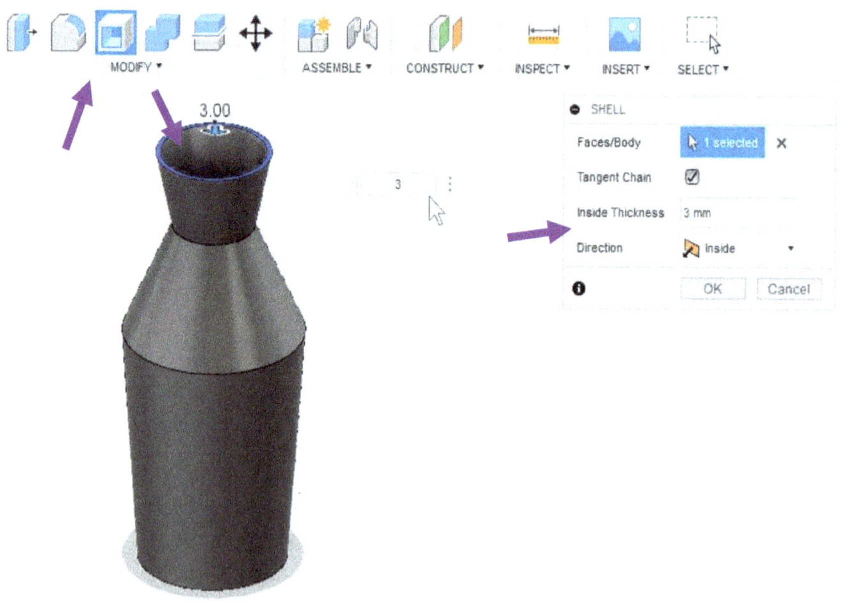

Pour améliorer encore un peu le design anguleux, nous ajoutons un arrondi de 10 mm pour le bord inférieur.

Pour les trois autres arêtes, nous choisissons par exemple des arrondis de 1 mm.

La dernière étape consiste à modifier l'apparence du vase de fleurs. En faisant un clic droit sur le corps dans l'arborescence et en sélectionnant "Appearance", nous pouvons personnaliser l'apparence à notre guise.

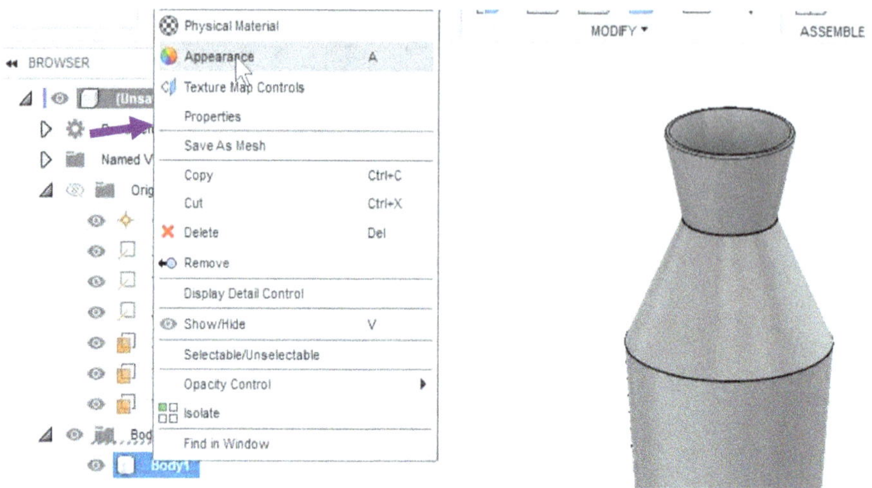

Dans la section inférieure, nous pouvons rechercher une apparence appropriée dans la bibliothèque Fusion 360. Nous pouvons également utiliser la fonction de recherche si nous avons déjà une couleur ou un matériau spécifique à l'esprit. Par exemple, nous pourrions appliquer l'apparence d'un saphir au vase en un seul clic et un seul glissement.

Dans les deux projets suivants, nous allons nous pencher sur des constructions plus difficiles, comme un tournevis et une clé à molette, avant de passer à la deuxième section.

6 Projet 5 : Tournevis pour vis à fente

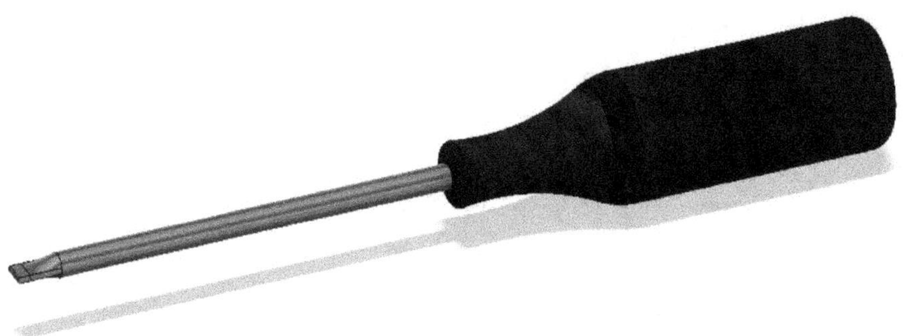

Pour le tournevis plat, nous commençons par le manche, que nous allons à nouveau créer comme une pièce de révolution, car c'est ce qui sera le plus facile pour la géométrie suivante. Pour ce faire, nous créons d'abord une nouvelle esquisse 2D, par exemple sur le plan x-z, et dessinons une ligne horizontale de 110 mm de long que nous plaçons symétriquement dans notre environnement d'esquisse à 55 mm du centre.

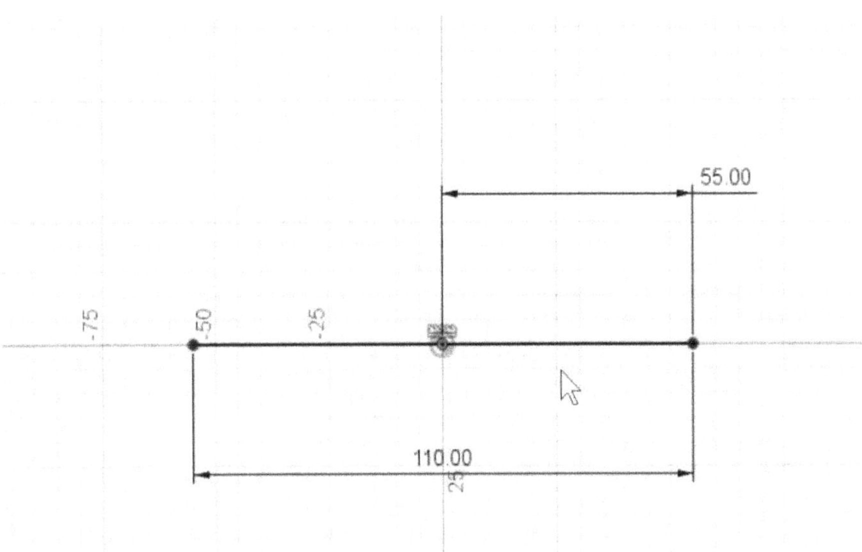

Nous avons également besoin d'une relation de coïncidence entre la ligne et l'origine pour définir complètement la ligne. Une ligne verticale de 15 mm et une ligne horizontale de 70 mm constituent la première partie de la poignée du tournevis.

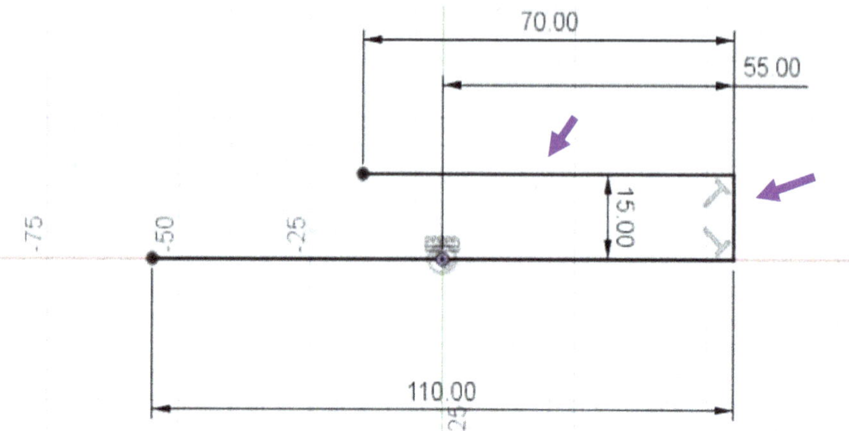

Pour la deuxième partie, nous avons besoin d'une ligne verticale de 8 mm et d'un arc à 3 points qui relie le profil précédent. Il doit avoir un rayon de 60 mm, par exemple.

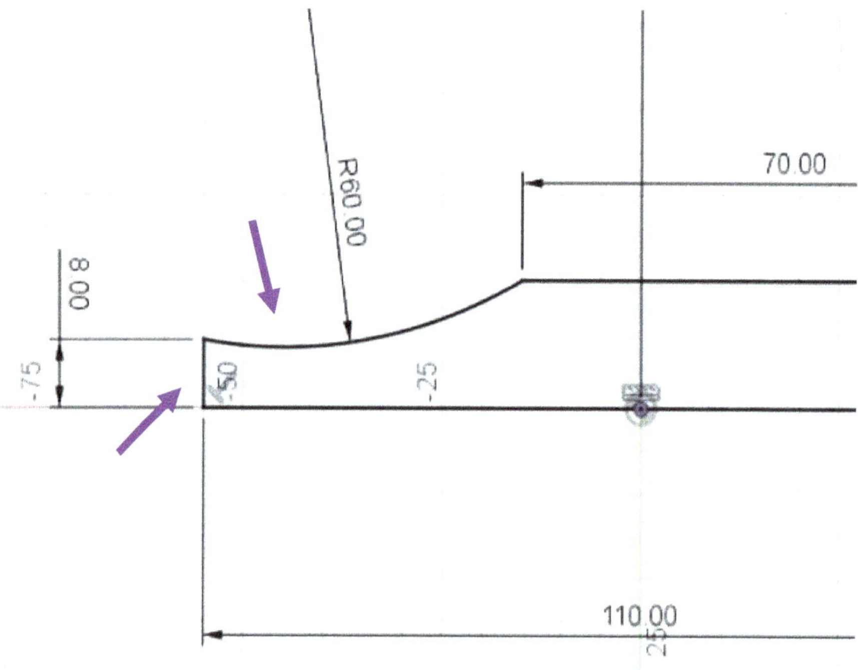

Nous allons maintenant réaliser des congés dans cette esquisse 2D à l'aide de la commande "Fillet". Pour l'arête extérieure arrière du manche de tournevis, nous choisissons un rayon de 5 mm.

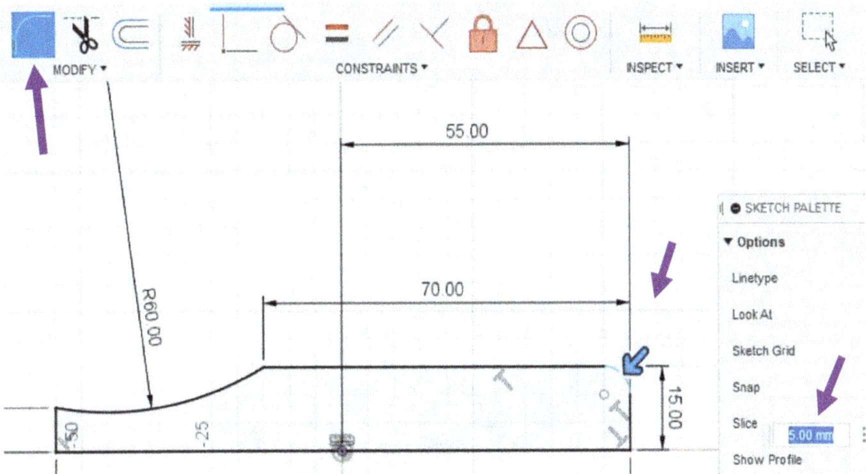

Pour les transitions dans la zone avant, 15 mm et 2 mm.

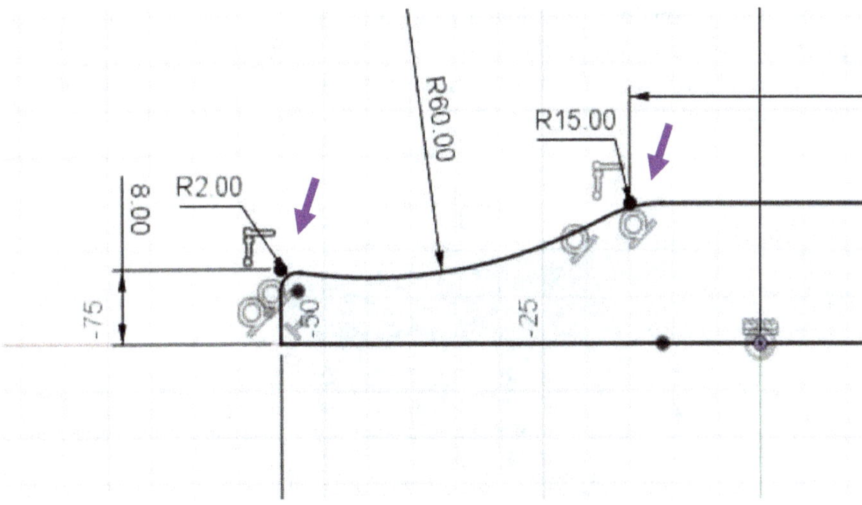

Nous ne dessinerons pas la lame et la pointe de la lame ou l'embout dans cette esquisse 2D. Si vous le souhaitez, vous pouvez ajouter la pointe de la lame à cette esquisse, mais nous l'ajouterons tout de suite en tant que corps d'extrusion. Nous devons d'abord passer en mode 3D et faire pivoter le profil de la poignée autour de l'axe x rouge avec la commande "Revolve".

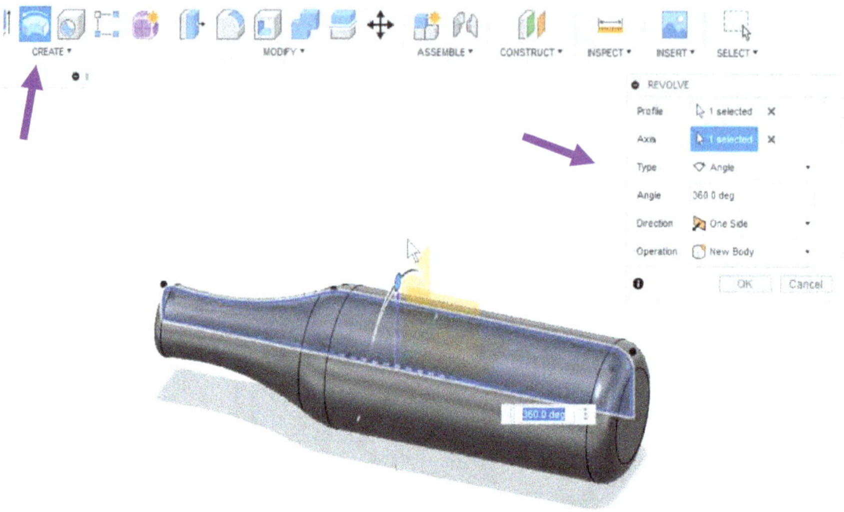

Comme nous l'avons déjà mentionné, nous allons maintenant ajouter la lame du tournevis, que nous allons esquisser sur la face avant du manche. Pour l'extrusion linéaire, nous avons simplement besoin d'un cercle au centre. Le diamètre doit être de 6 mm, par exemple.

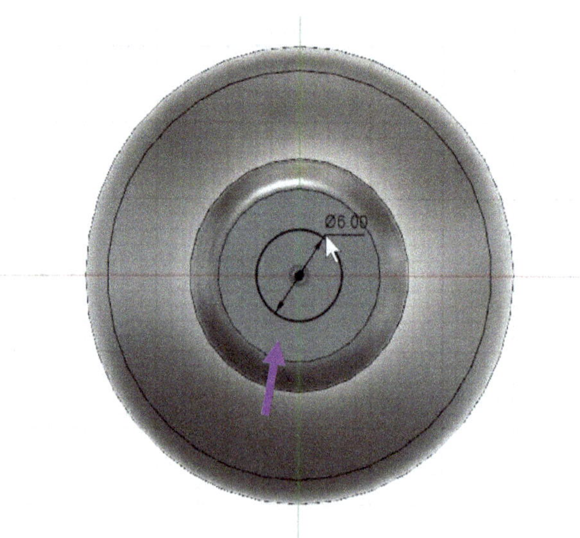

Ensuite, nous extrudons le profil de 100 mm et obtenons ainsi notre lame de tournevis. Dans les paramètres, nous choisissons cependant dans ce cas "New Body", afin de pouvoir concevoir plus tard la lame indépendamment du manche.

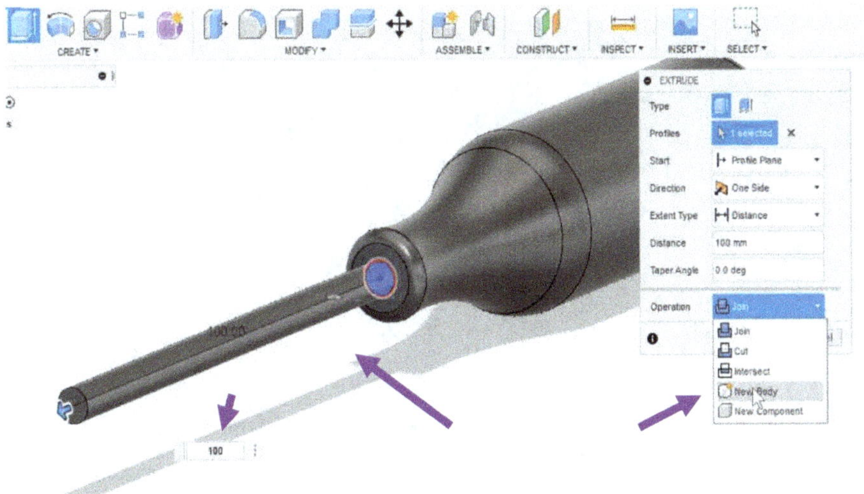

Ces deux parties sont en effet composées de matériaux différents dans la réalité. Il nous manque maintenant l'embout ou la pointe de la lame dans la partie avant. Nous voulons construire un tournevis plat, nous utiliserons donc la commande "Loft" pour créer l'embout. Pour cela, nous créons d'abord un plan parallèle à la face de la pointe avec la commande "Offset Plane". Nous avons besoin d'une distance de 8 mm.

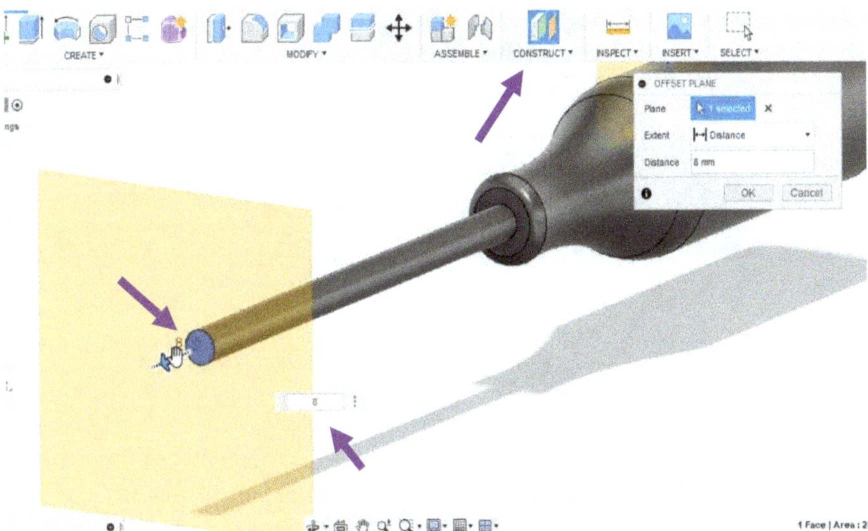

Sur ce plan, nous pouvons maintenant dessiner le profil rectangulaire de l'embout. Nous utilisons pour cela un rectangle de centre dont nous fixons les coins sur le cercle de la lame de tournevis à l'aide de contraintes coïncidentes. Enfin, il nous reste à coter la largeur du rectangle, par exemple 1,5 mm.

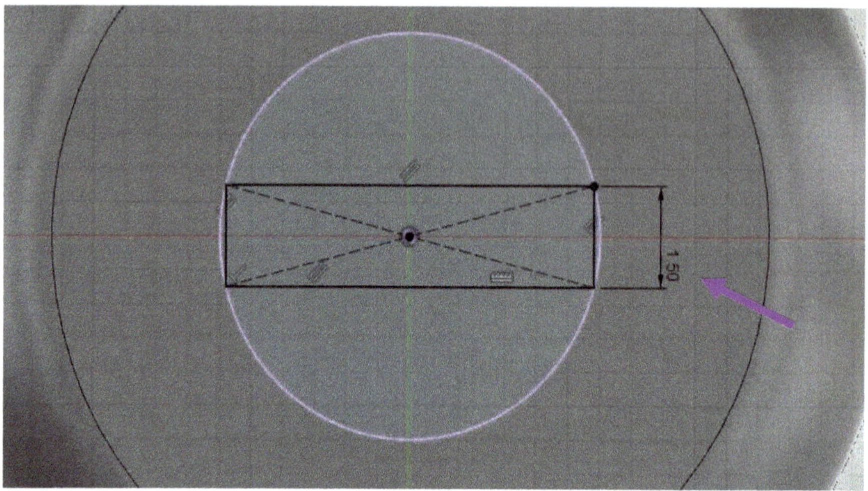

Après avoir fermé l'esquisse 2D, nous pouvons maintenant utiliser la commande "Loft" pour relier le profil esquissé à la géométrie circulaire de la lame de tournevis. Cela ressemble alors à ce qui suit :

Nous obtenons une belle transition entre la lame et l'embout. Comme la forme rectangulaire de l'embout est maintenant un peu trop petite à l'avant pour pouvoir visser, nous devons encore l'allonger un peu. Pour ce faire, il suffit d'esquisser un rectangle coïncidant et de l'extruder sur 3 mm.

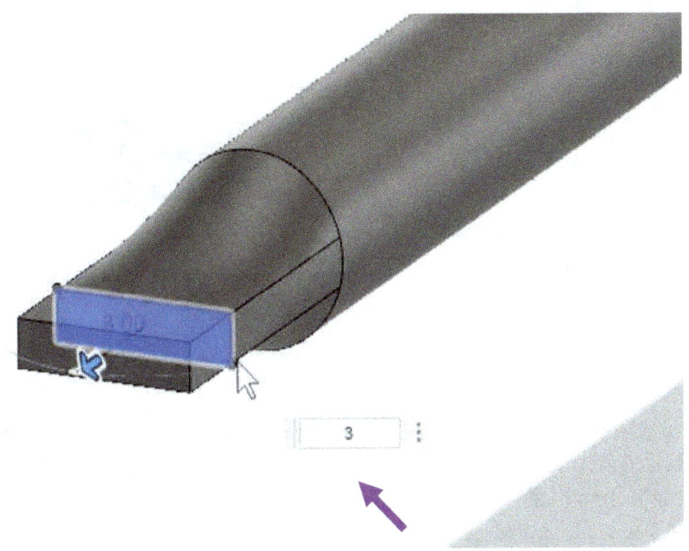

Le résultat est maintenant meilleur. Pour les deux arêtes horizontales de l'embout, nous ajoutons encore un chanfrein de 0,3 mm à chaque fois avec la commande "Chamfer".

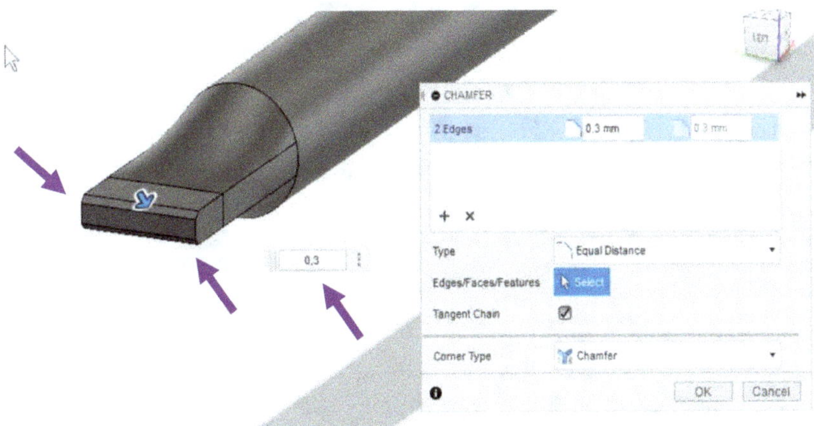

Pour terminer le projet, nous souhaitons améliorer quelque peu l'apparence. Par exemple, la poignée doit être faite d'un matériau en bois. Pour cela, nous recherchons dans "Appearance" un bois noble, par exemple du noyer, et faisons glisser l'apparence avec la souris sur le corps du manche. La classe !

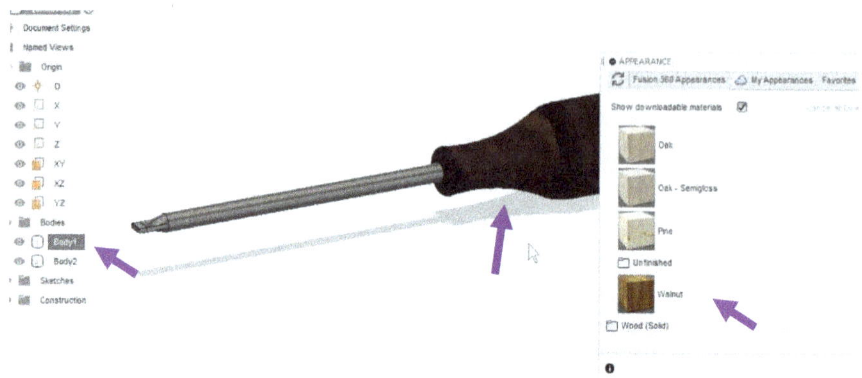

Le tournevis est prêt ! Le projet suivant porte sur une clé à molette. La deuxième partie sera consacrée à des projets de construction plus intéressants et plus difficiles, comme par exemple un roulement à billes.

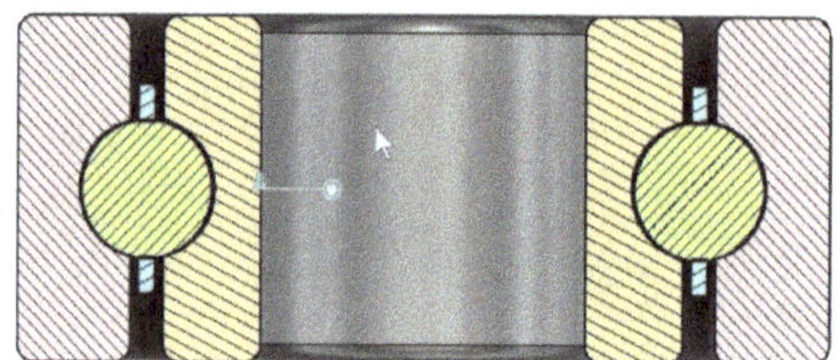

7 Projet 6 : Clé à molette (clé plate)

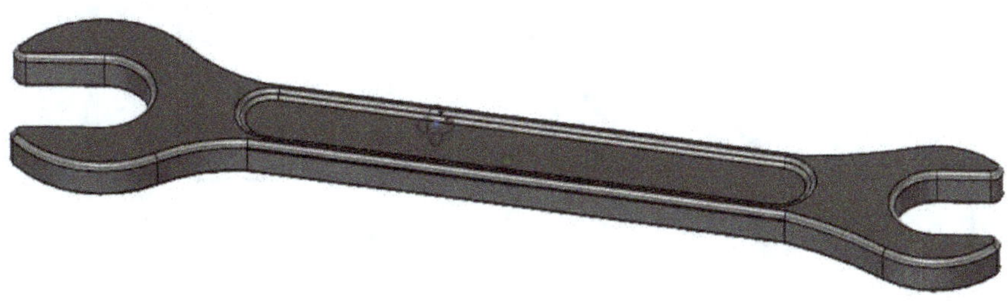

Quelle est la meilleure façon de concevoir cette clé à molette ? Si nous examinons la géométrie de la clé à molette de plus près, vous comprendrez peut-être qu'il est judicieux de commencer par une géométrie circulaire dans les zones gauche et droite et de construire la zone centrale de la clé à molette avec des arcs et des lignes de jonction. Les autres détails viendront plus tard. Esquissons donc d'abord deux cercles sur le plan x-y. Le cercle de gauche doit avoir un diamètre de 35 mm et celui de droite un diamètre de 28 mm. Nous plaçons le cercle de gauche à 67 mm de l'origine et celui de droite à 65 mm. Il manque encore des contraintes horizontales par rapport à l'origine pour que la définition soit complète.

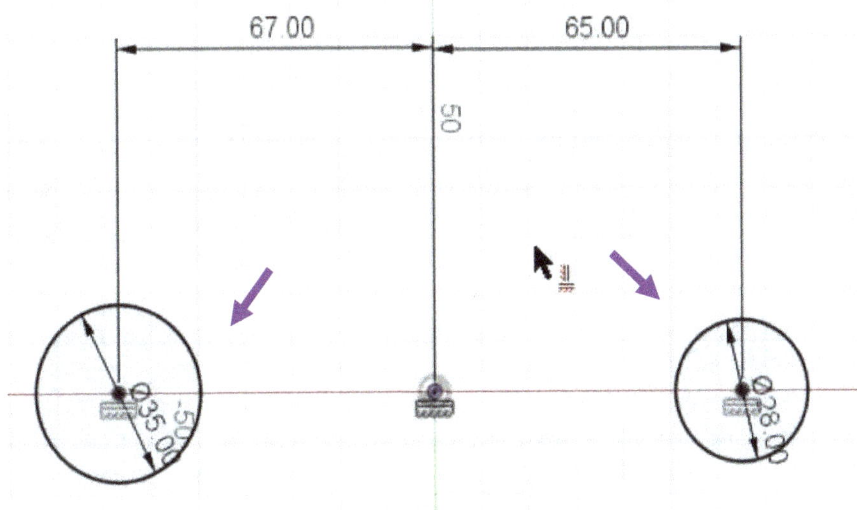

Nous allons maintenant créer la zone centrale. Pour ce faire, nous commençons par tracer une ligne de 85 mm de long, espacée de 7,5 mm et de 42,5 mm de l'origine. Dans la zone inférieure, nous traçons une ligne identique et appliquons la relation "Equal"

pour que les deux lignes soient égales. Nous ajoutons également des cotes dans les directions x et y par rapport à l'origine.

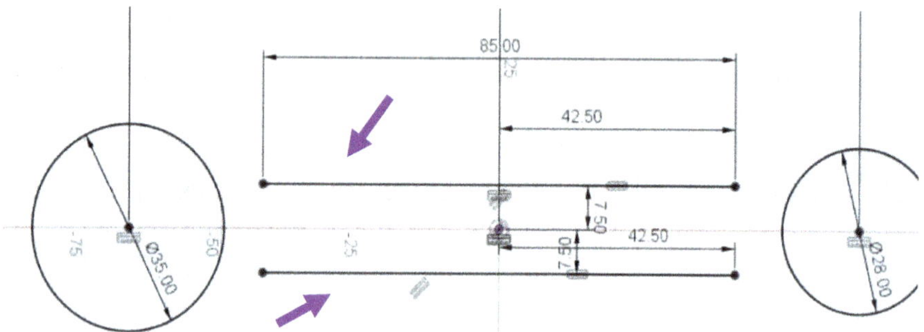

Nous dessinons ensuite deux arcs à 3 points dans la zone de transition gauche, dont le point de départ et le point d'arrivée doivent commencer et finir respectivement sur le cercle et sur le point d'arrivée de la ligne. Nous définissons un rayon de 25 mm pour ces arcs.

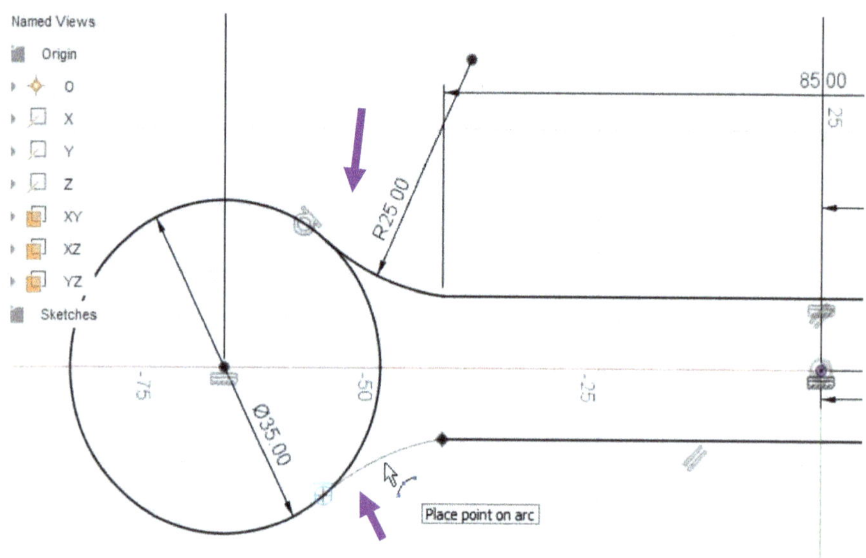

Nous faisons de même dans la zone de transition du côté droit. Le rayon doit cependant être de 65 mm dans chaque cas. Nous pouvons ensuite supprimer les segments d'arc excédentaires des deux cercles à l'aide de l'outil "Trim".

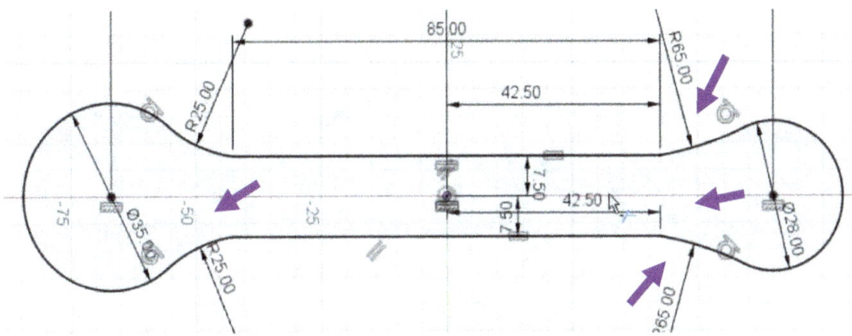

Nous allons maintenant nous intéresser aux deux découpes qui permettent à la clé de jouer son rôle. Nous souhaitons les intégrer directement dans l'esquisse afin de nous épargner une ou plusieurs étapes de travail. Commençons par la zone de gauche. Cette géométrie est également facile à esquisser à l'aide d'un cercle que nous plaçons au centre et que nous ne coterons pas pour l'instant.

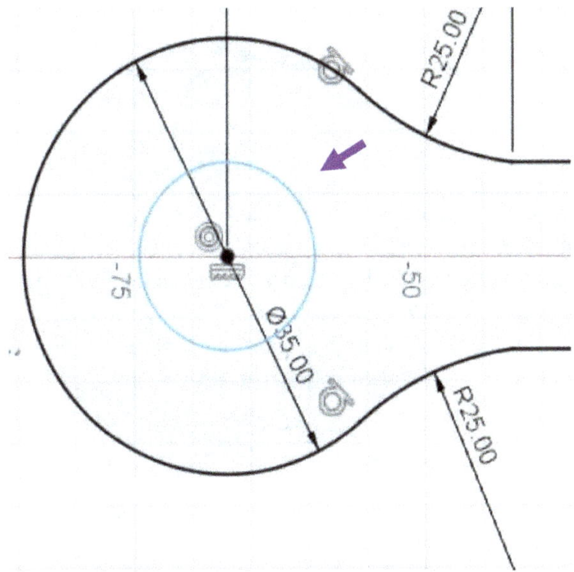

Nous ajoutons ensuite une ligne qui doit partir du cercle extérieur et être tangente au cercle intérieur que nous venons de dessiner. Veillez à ce que la relation tangentielle, reconnaissable au petit symbole, soit créée. Sinon, il suffit de l'ajouter manuellement. Nous avons également besoin d'une telle ligne dans la zone inférieure. Les deux lignes sont ensuite mises en parallèle par une relation.

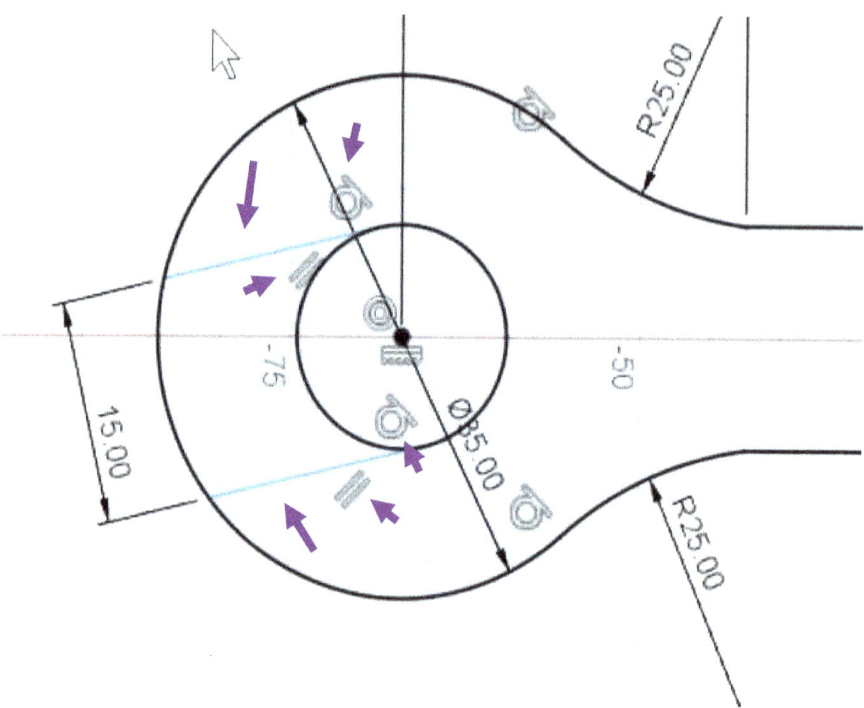

Nous mesurons maintenant la distance entre ces deux lignes à 15 mm. Nous obtenons donc de ce côté une clé de 15. Pour une utilisation réelle, il est important d'utiliser les mesures ou les tolérances d'un tableur ou d'Internet, car il doit y avoir un peu d'espace entre la tête de la vis et la clé. Avec la commande "Trim", nous supprimons le segment d'arc superflu dans la zone intérieure, puis nous ajoutons une ligne de repère horizontale dont nous aurons besoin pour la cotation.

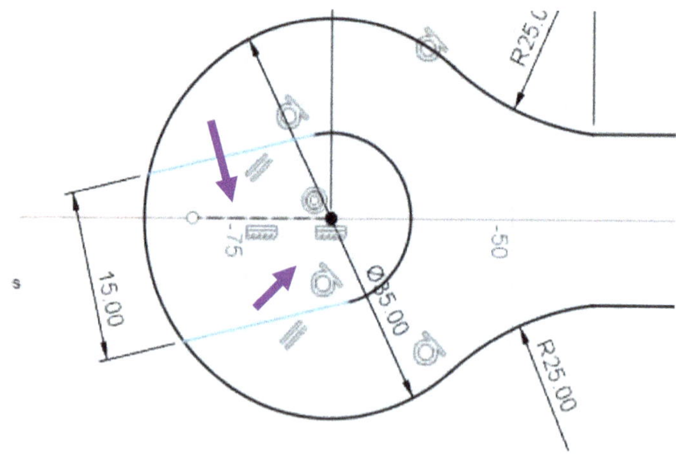

Nous mesurons maintenant l'angle entre la ligne supérieure et la ligne guide, car l'ouverture doit être légèrement inclinée. Nous choisissons un angle de 10 degrés. L'esquisse est alors à nouveau entièrement définie. Enfin, nous supprimons le deuxième segment d'arc superflu du cercle extérieur et obtenons notre ouverture.

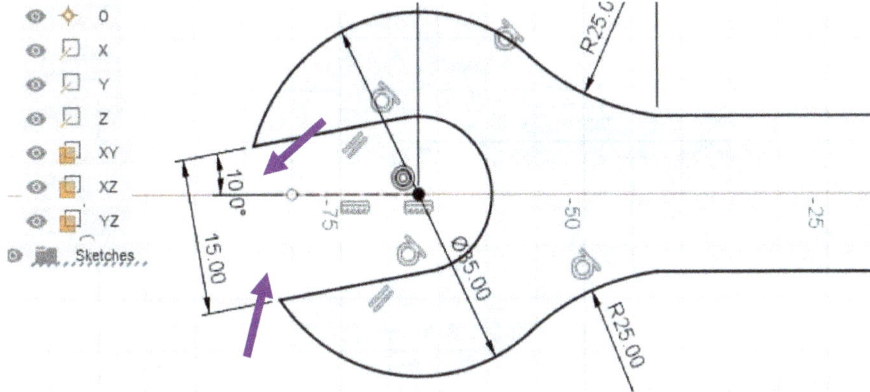

Nous faisons la même chose de l'autre côté. Seules les dimensions sont différentes, nous voulons une clé de 13. N'hésitez pas à faire l'essai vous-même ! Comme nous l'avons dit, la procédure est identique.

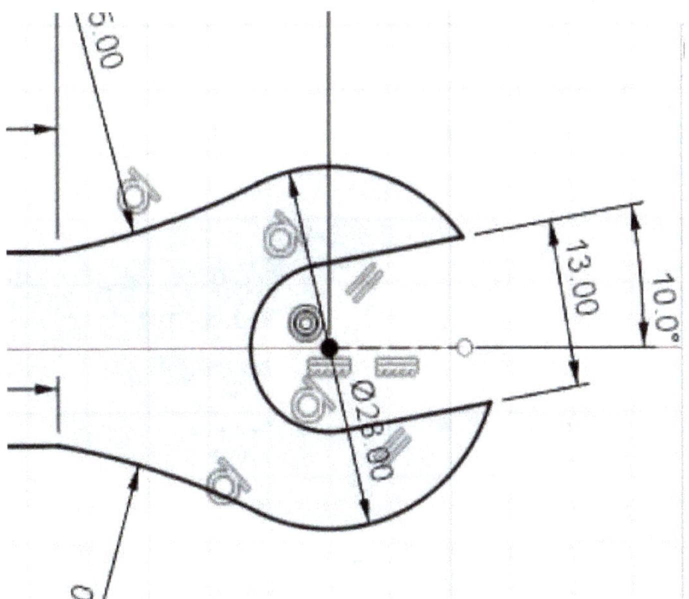

Parfait ! Le profil est alors terminé et nous pouvons terminer l'esquisse 2D. Nous allons maintenant simplement extruder le profil sur 3 mm avec une direction symétrique.

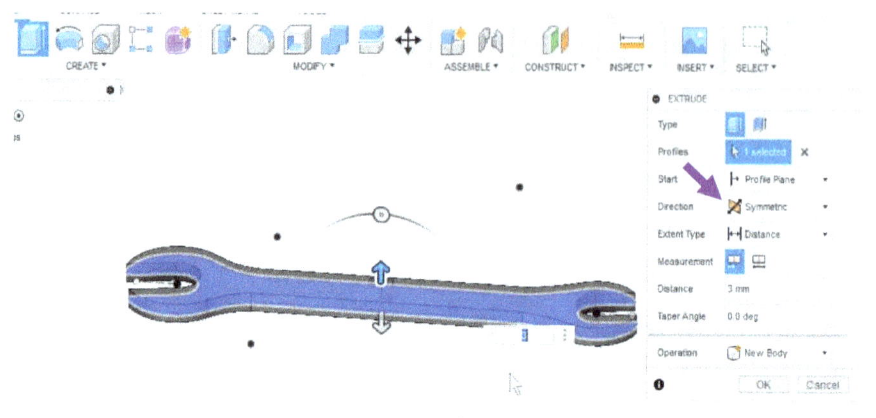

Pourquoi une direction symétrique ? Elle est toujours préférable pour les pièces qui doivent avoir un plan au centre de la pièce car, comme nous le verrons plus loin, les fonctions symétriques sont plus faciles à mettre en miroir. Il est également parfois avantageux pour l'assemblage d'avoir un plan au centre plutôt que sur le dessus ou le dessous de la pièce. Nous souhaitons maintenant ajouter un creux ou une empreinte dans la zone centrale. Pour ce faire, nous esquissons un trou oblong central sur la face supérieure ou inférieure.

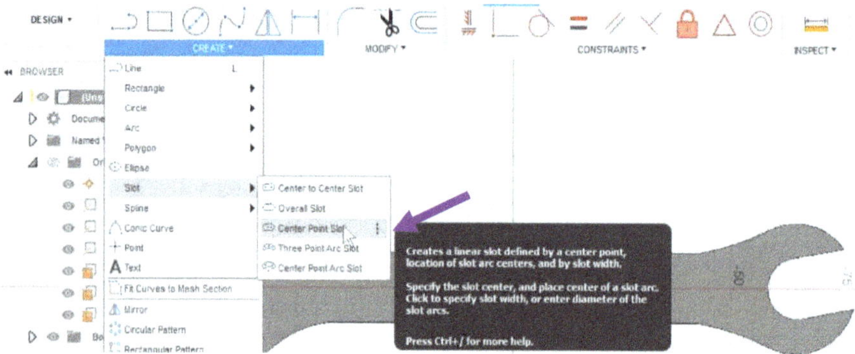

La longueur du trou oblong doit être de 80 mm et la largeur de 10 mm.

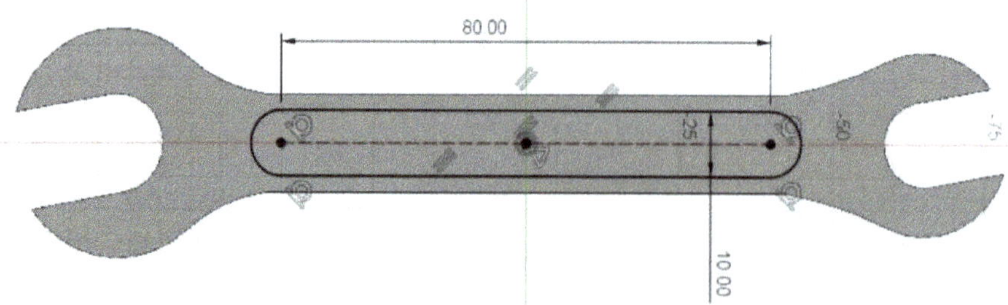

Ce profil est ensuite gaufré avec "Extrude" ou avec "Emboss / Deboss" -1 mm dans la pièce.

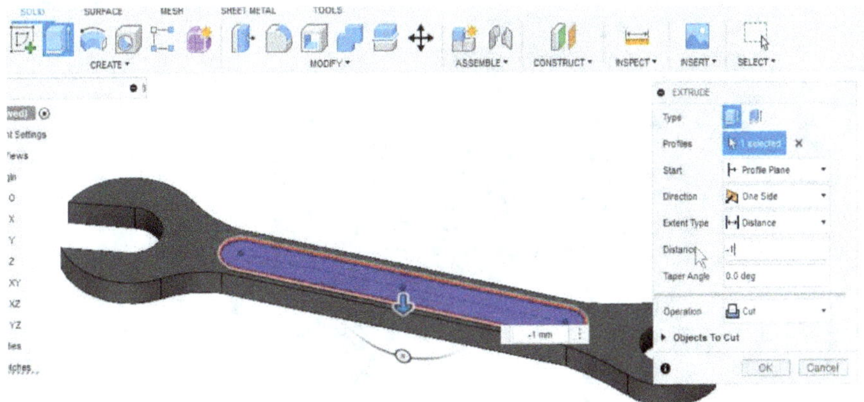

Comme la pièce est symétrique par rapport au plan x-y, nous pouvons maintenant créer facilement ce creux pour l'autre côté à l'aide de la commande "Mirror". Pour ce faire, sélectionnez la fonction sur la ligne de temps, puis la commande dans le menu "Create" et changez la sélection pour "Mirror Plane" dans les paramètres.

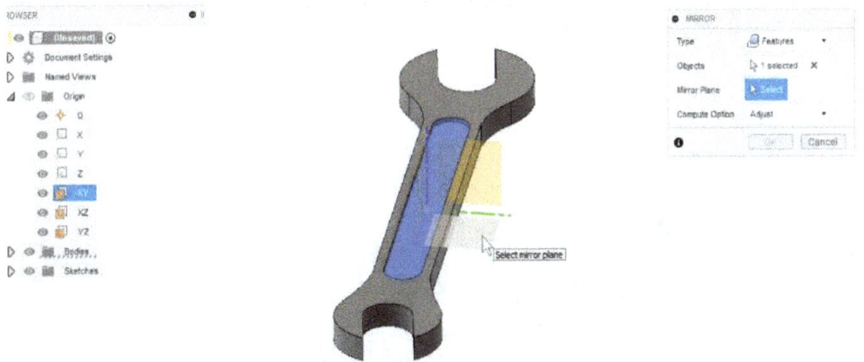

Maintenant, nous pouvons simplement sélectionner le plan x-y, puisqu'il est déjà correctement placé au centre - vous vous en souvenez ? Confirmez avec "Ok" ! Nous arrondissons ensuite les quatre arêtes sur les logements de la clé à molette avec, par exemple, 2 mm. Vous pouvez sélectionner d'autres arêtes en maintenant la touche CTRL enfoncée.

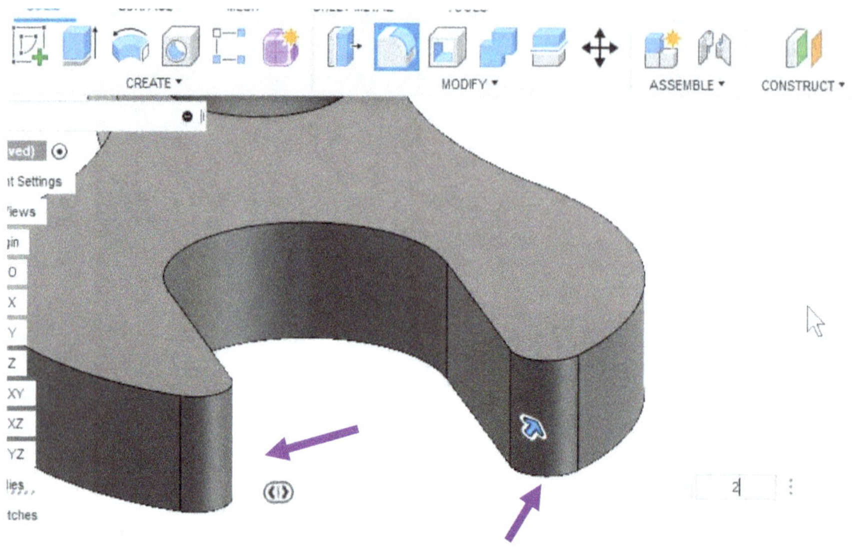

Enfin, nous sélectionnons toutes les faces supérieures et arrondissons ainsi les arêtes avec un rayon de 1 mm à l'aide de la fonction "Fillet".

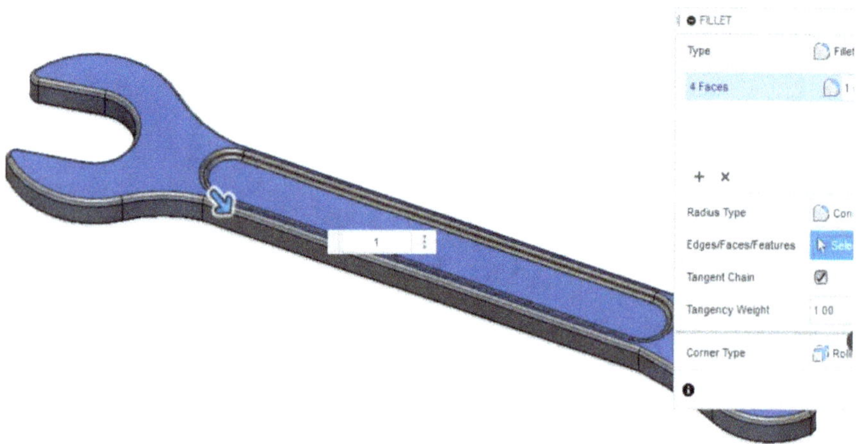

Très bien ! Nous avons terminé ! C'était les projets de construction légère. J'espère que vous les avez appréciés jusqu'à présent. Mais ce n'est pas encore terminé. Nous allons maintenant passer à des projets de conception plus complexes dans la deuxième section. Continuons !

Section II : Projets de conception de niveau moyen

8 Projet 7 : Roulements à billes

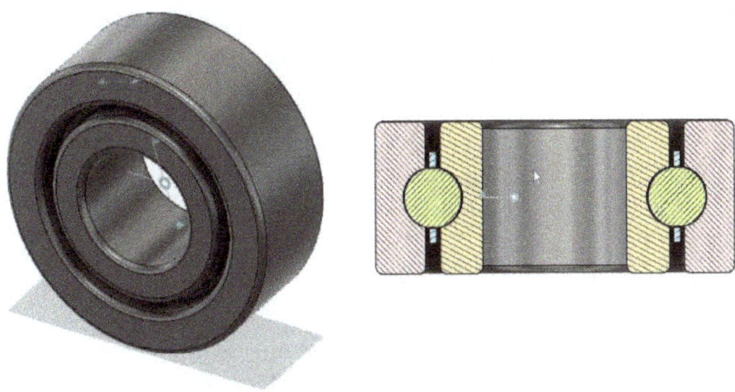

Bon retour parmi nous ! Le premier projet de conception de cette section sera un roulement à billes. Plus précisément, un roulement à billes à gorge profonde à une rangée, qui est l'un des roulements à billes les plus connus et les plus utilisés. Le roulement à billes est composé de quatre éléments. Nous allons les créer l'un après l'autre. Nous avons besoin d'une bague extérieure, d'une bague intérieure, de billes et, comme dernier composant, d'une cage à billes qui garantit que les billes restent dans la bonne position.

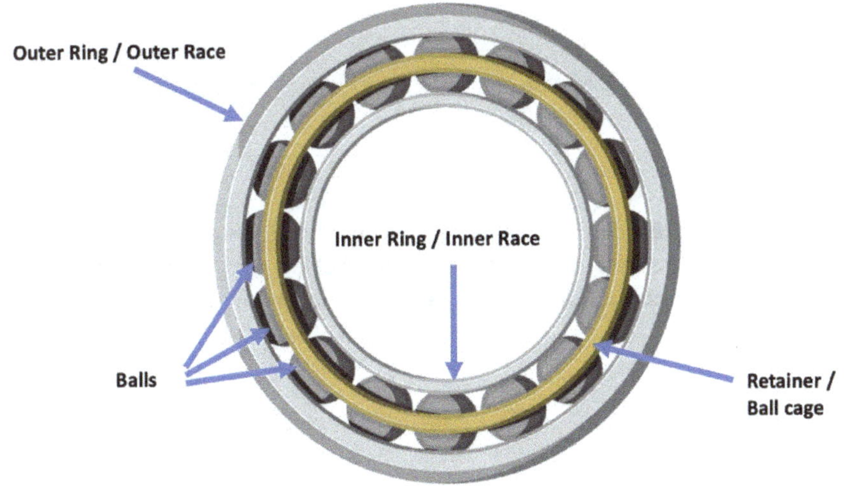

Nous commençons par le premier composant, la bague extérieure du roulement à billes. Nous allons la créer à l'aide d'une rotation, en commençant par une esquisse 2D. Nous commençons par la section transversale de la bague extérieure sur le plan x-y. Pour cela, nous dessinons d'abord un rectangle de 20 mm de large et de 7 mm de haut dans le plan.

Après l'avoir déplacé légèrement vers le centre et vers le bas, nous avons mesuré la distance horizontale entre l'un des bords latéraux et l'origine à 10 mm, afin que le rectangle soit centré. Nous avons ensuite mesuré l'arête supérieure à 25 mm de l'origine afin de le définir complètement.

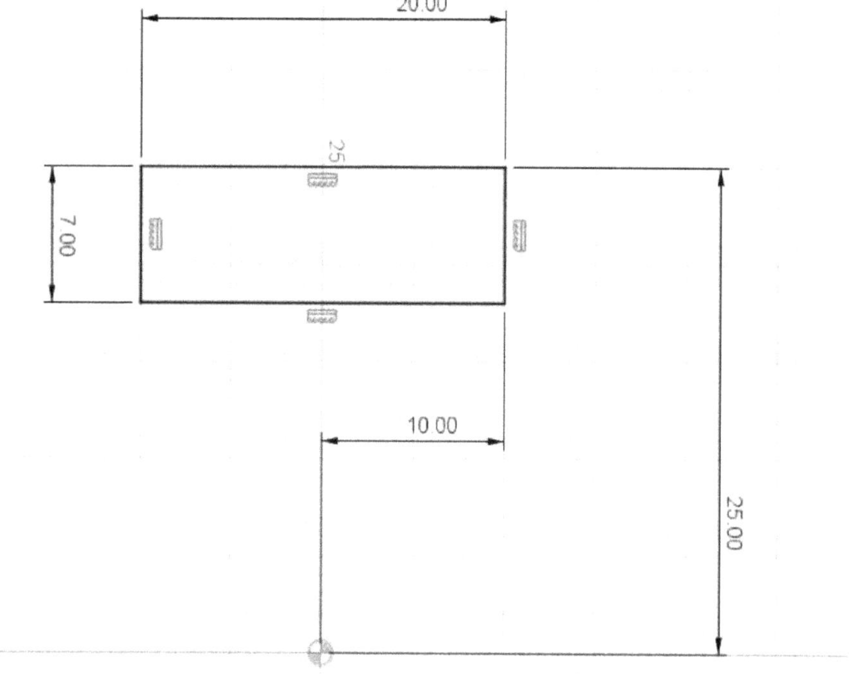

Il nous reste ensuite à créer le chemin de roulement pour les billes. Pour cela, nous utilisons un cercle que nous plaçons comme indiqué et que nous dotons d'un diamètre de 8 mm. Nous mesurons la distance entre le centre du cercle et le bord supérieur du rectangle à 7,8 mm.

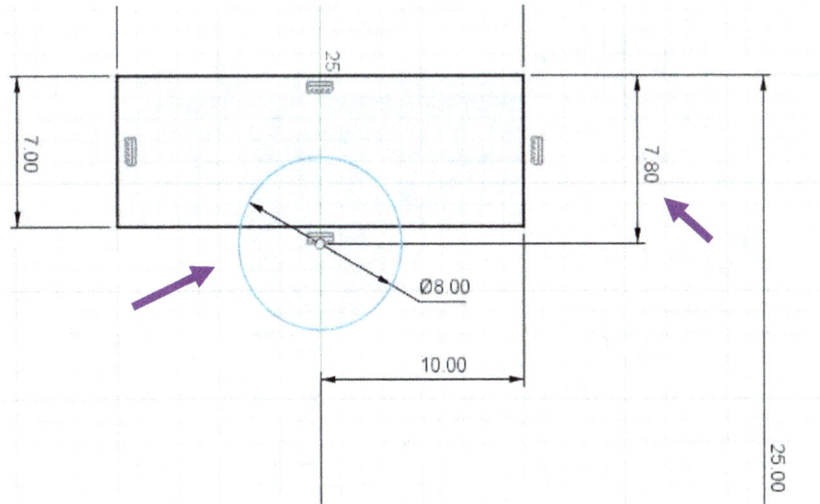

Ensuite, nous supprimons les deux sections de profil superflues comme illustré et associons encore le centre du cercle à une condition verticale par rapport à l'origine.

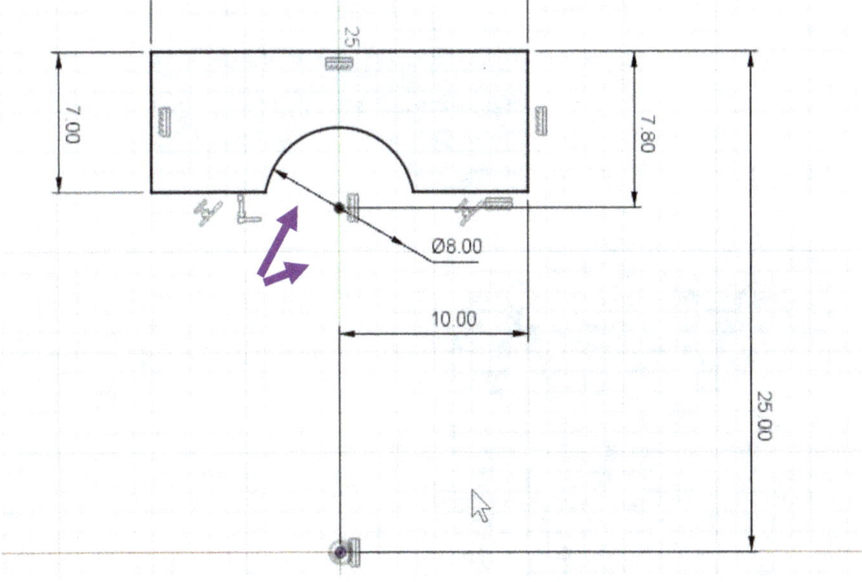

La dernière étape consiste à créer des congés sur les arêtes de la pièce. Pour ce faire, nous créons des congés de 1 mm de rayon dans la zone 2D à l'aide de la commande "Fillet".

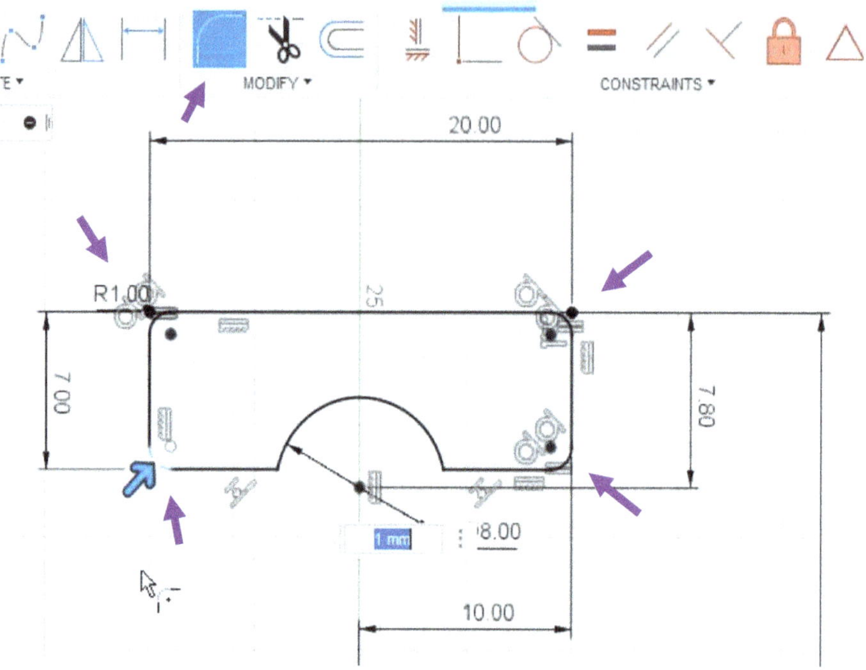

Ensuite, le profil de section de l'anneau extérieur est prêt et peut être tourné en mode 3D avec la commande "Revolve" dans ce cas autour de l'axe x rouge. Nous avons besoin d'une rotation complète de 360 degrés.

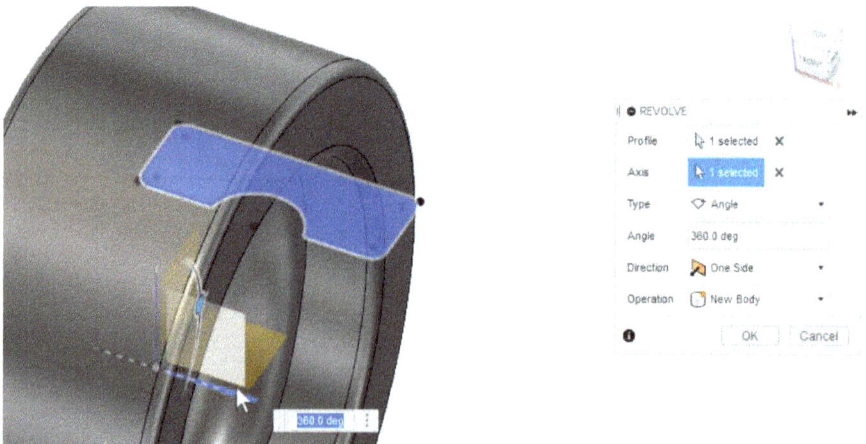

Pour la deuxième partie du roulement à billes, qui doit être la bague intérieure, nous devons d'abord créer un nouveau composant, car il s'agit d'un composant indépendant qui sera assemblé plus tard. Nous sélectionnons la commande "New Component", qui se trouve dans le menu "Assemble".

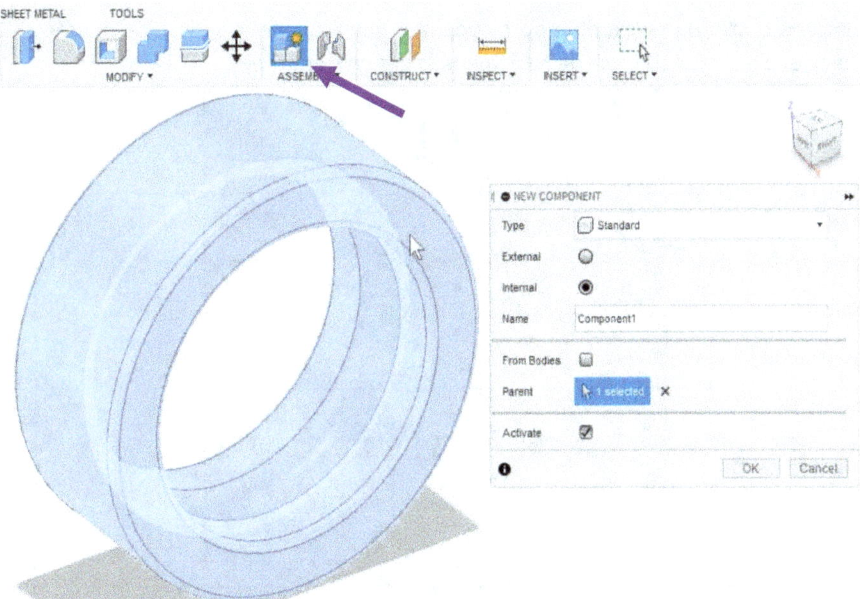

Sur le plan x-y de ce nouveau composant, nous allons esquisser une géométrie de section transversale, comme dans la partie précédente, que nous transformerons ensuite en composant 3D à l'aide de Revolve. Nous commençons par un rectangle de 20 mm de large et 6 mm de haut. Nous définissons la distance verticale entre l'origine et le bord inférieur du rectangle à 16 mm et la distance horizontale entre l'un des bords latéraux et l'origine à 10 mm.

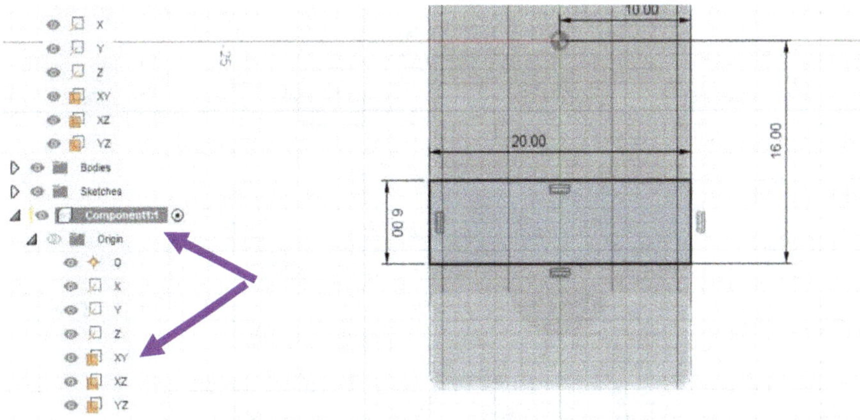

Nous esquissons ensuite la trajectoire des billes. Nous le faisons à l'aide d'un cercle, comme nous l'avons fait pour l'anneau extérieur. Le diamètre doit être identique, c'est-à-dire 8 mm. Une contrainte verticale par rapport à l'origine et une distance de 6,8 mm entre le centre du cercle et le bord supérieur du rectangle sont ensuite ajoutées, de sorte que les deux chemins de roulement soient concentriques.

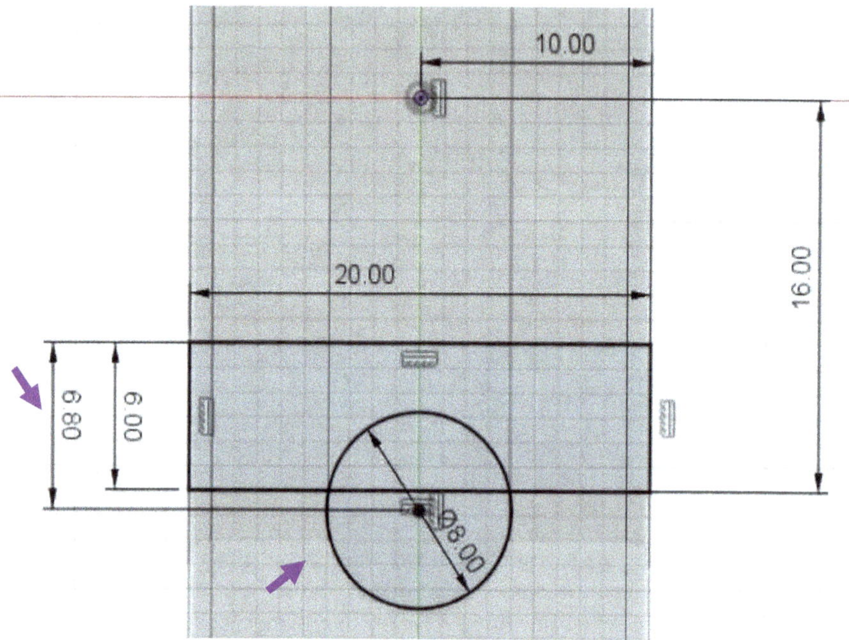

Dans les deux dernières étapes du profil, nous supprimons d'une part les parties superflues du profil comme indiqué et créons d'autre part des congés de 1 mm pour les bords de la bague intérieure du roulement à billes.

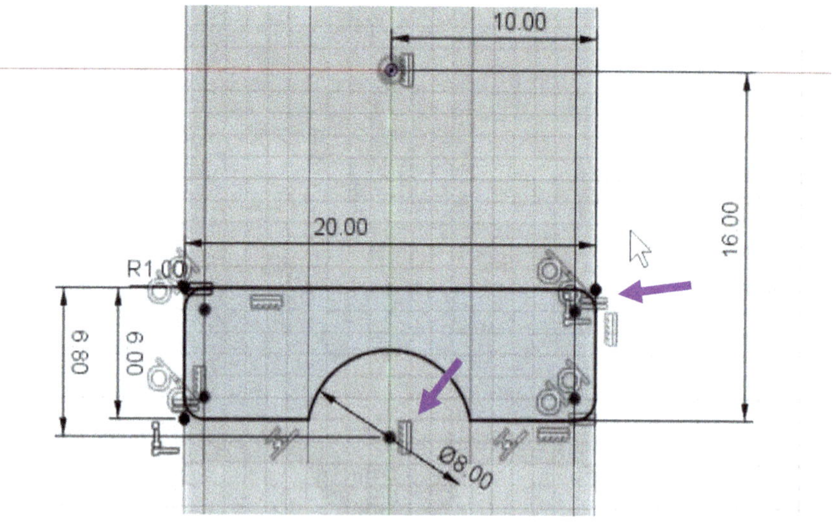

En mode 3D, nous pouvons ensuite effectuer une rotation de 360 degrés.

Pour la pièce suivante, la cage à billes, nous créons un nouveau composant, car il s'agit à nouveau d'une pièce indépendante. Cette fois, nous allons esquisser le plan y-z du nouveau composant, car nous n'allons pas faire tourner la pièce, mais la créer par extrusion. Il nous suffit d'esquisser deux cercles, chacun partant du centre et ayant un diamètre de 33 mm et 35 mm.

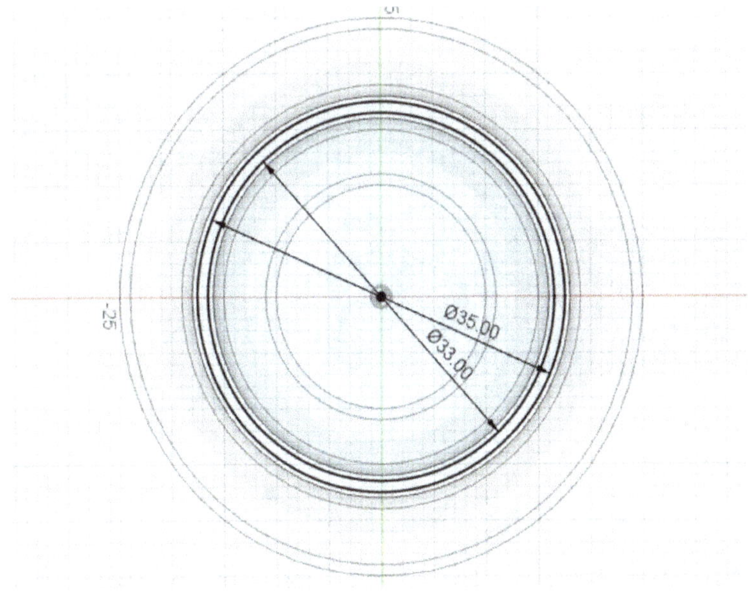

Nous pouvons alors réaliser une extrusion symétrique avec un espacement de 6 mm.

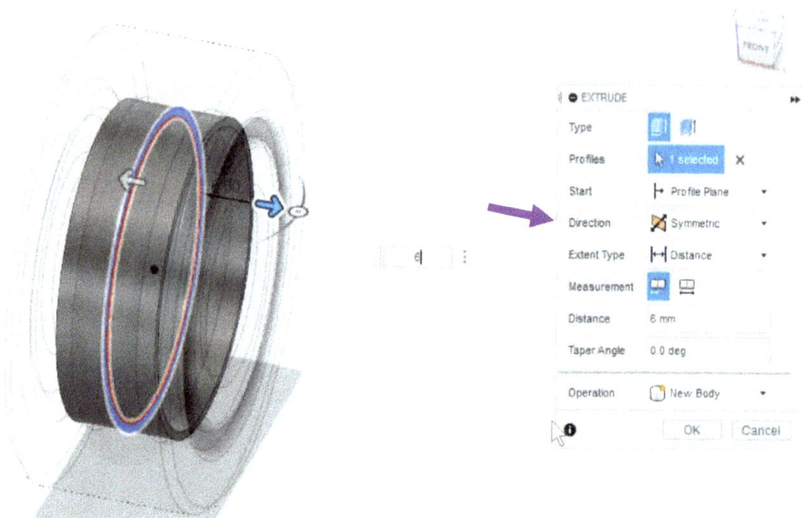

Nous devons maintenant ajouter des trous dans lesquels les billes seront placées plus tard. Pour cela, nous utilisons la commande "Hole". Nous commençons par masquer les deux autres corps afin de pouvoir travailler plus facilement. Ensuite, nous plaçons un trou de 7,8 mm et de 2 mm de profondeur au centre supérieur de la cage à billes. Nous avons besoin d'un trou simple, sans filetage et sans angle de pointe. Après avoir centré le trou, nous pouvons confirmer en cliquant sur "Ok".

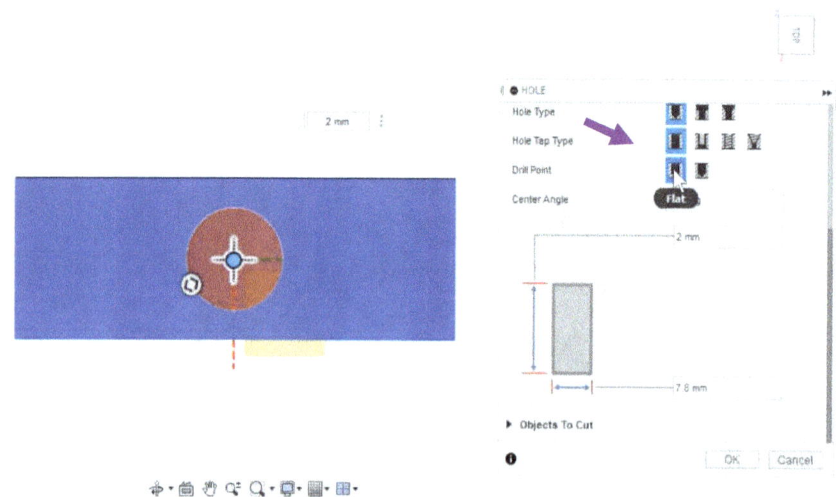

Pour créer tous les autres perçages, nous utilisons à nouveau la fonction déjà connue "Circular Pattern".

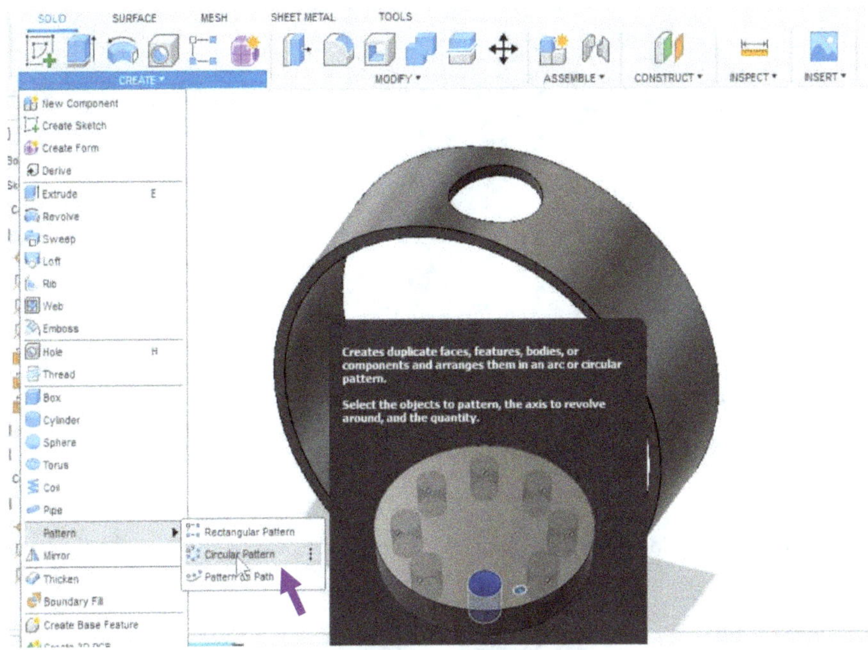

Dans les paramètres de la commande, dans "Type", passez d'abord à "Features", changez la sélection pour "Objects", puis sélectionnez la fonction de perçage sur la ligne de temps.

Dans l'étape suivante, passez à "Axis" et sélectionnez l'axe des x. Par exemple, nous avons besoin de 10 trous, car nous voulons 10 billes dans notre roulement à billes.

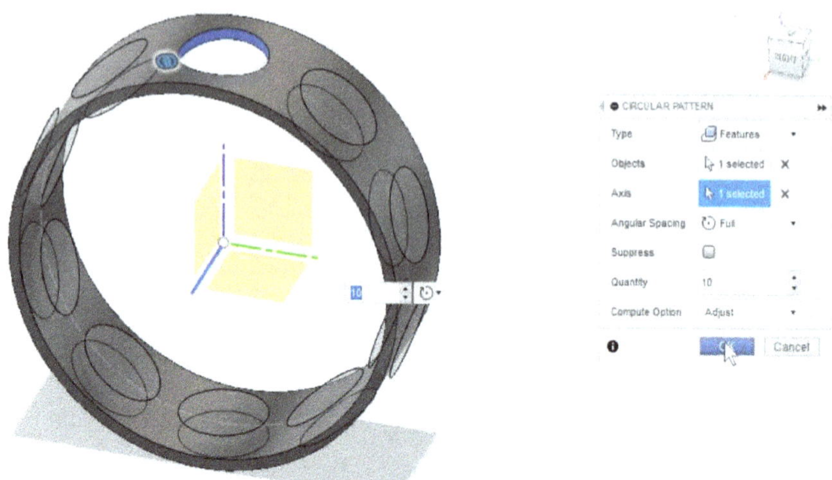

La cage à billes est alors terminée.

Avant de pouvoir relier tous les composants entre eux à l'aide d'articulations, nous voulons encore créer le dernier composant, la sphère. Nous allons simplement copier cette sphère 10 fois. Pour ce faire, nous utiliserons l'élément prédéfini "Sphere" du menu "Create".

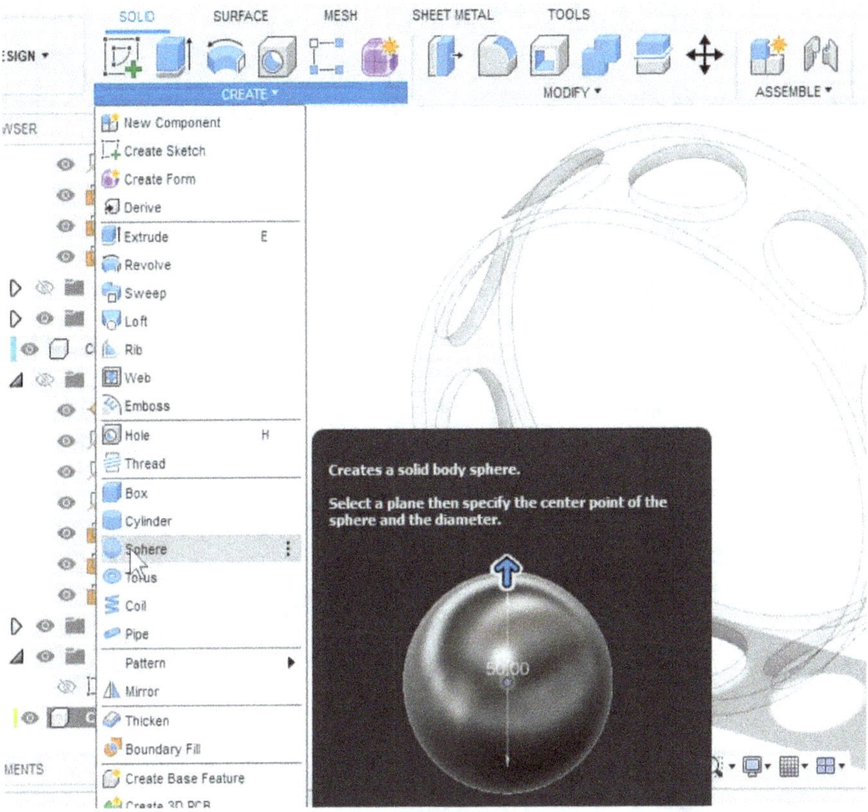

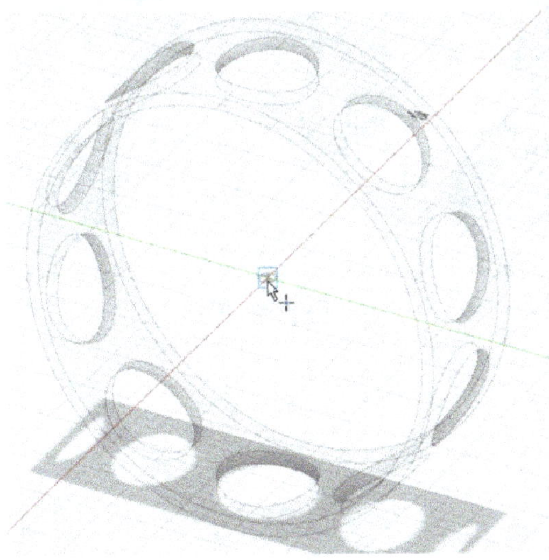

Après avoir sélectionné la commande, nous devons dessiner sur un plan le diamètre de la sphère, par exemple sur le plan x-y, un diamètre de 8 mm.

C'est aussi simple que cela ! L'étape suivante consiste à associer la première sphère à la cage à billes. Pour cela, nous utilisons la commande "Join" du menu "Assemble".

Comme nous l'avons vu dans le cours Fusion pour débutants, nous devons maintenant définir une origine d'articulation sur chacun des deux composants à relier et déterminer le type d'articulation. Pour la sphère, nous plaçons simplement l'origine de l'articulation au centre.

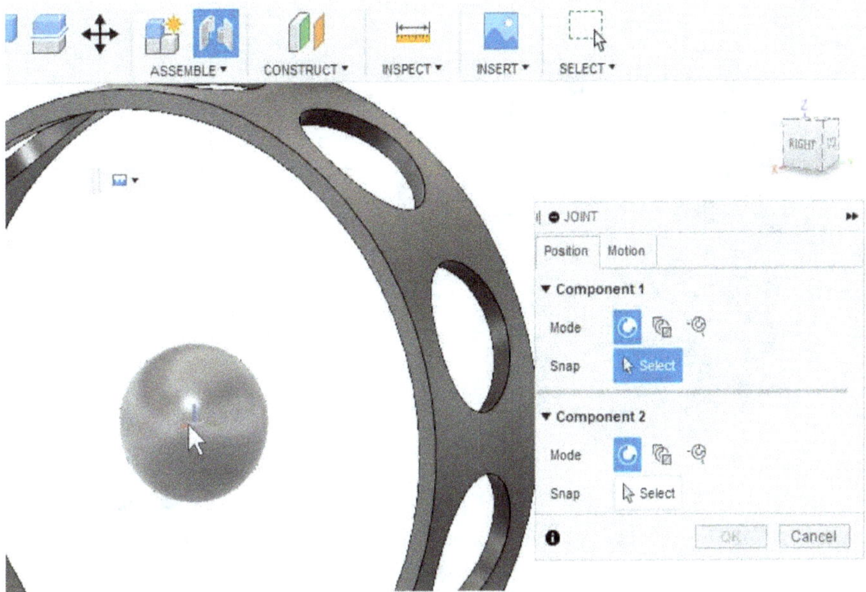

Pour la cage à billes, nous choisissons le centre supérieur de l'un des trous comme origine de l'articulation.

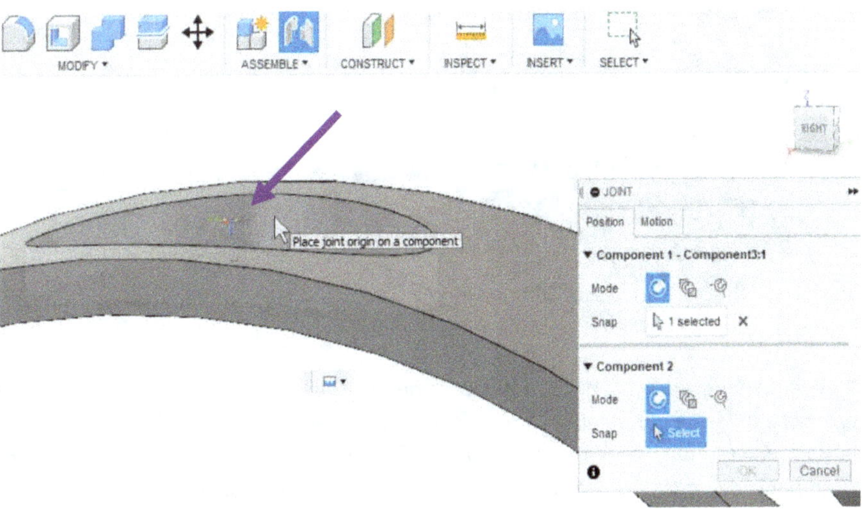

Pour que la sphère soit parfaitement centrée, nous devons maintenant ajouter un décalage de 0,5 mm dans la direction z dans les paramètres.

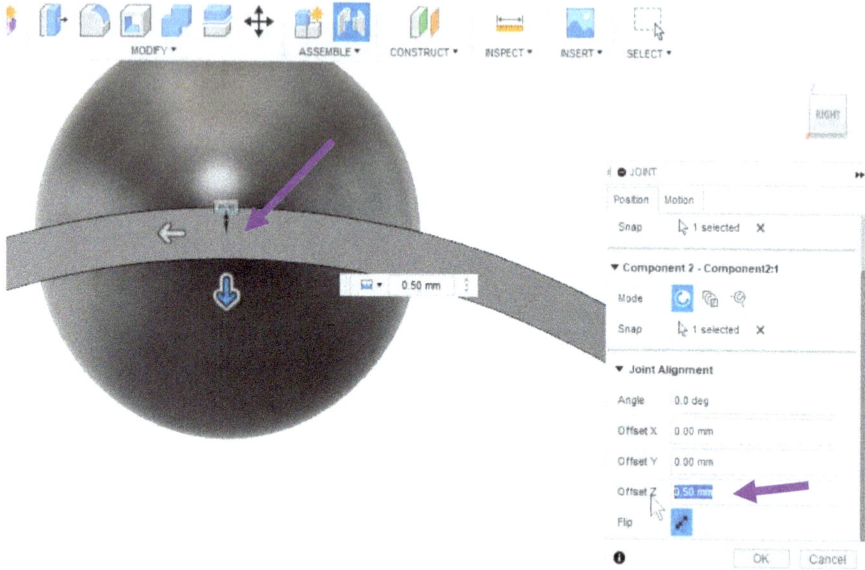

Comme type d'articulation, nous choisissons "Revolute" ou "Ball".

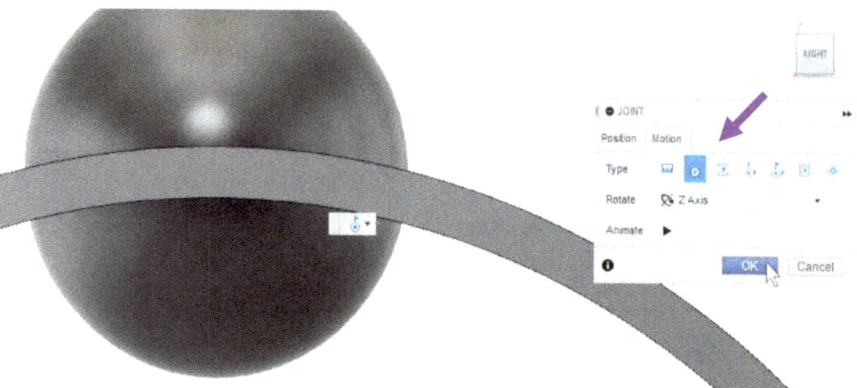

Il nous manque maintenant neuf autres sphères. Pour les créer, il suffit de copier la première sphère. Pour qu'elles soient placées au bon endroit, nous utilisons à nouveau la commande "Circular Pattern". Pour le type, nous devons d'abord sélectionner "Components" dans les paramètres. Ensuite, nous sélectionnons la sphère dans l'arborescence avec "Objects" et, après avoir changé l'axe dans les paramètres, nous sélectionnons l'axe x rouge. Nous avons logiquement besoin de 10 sphères.

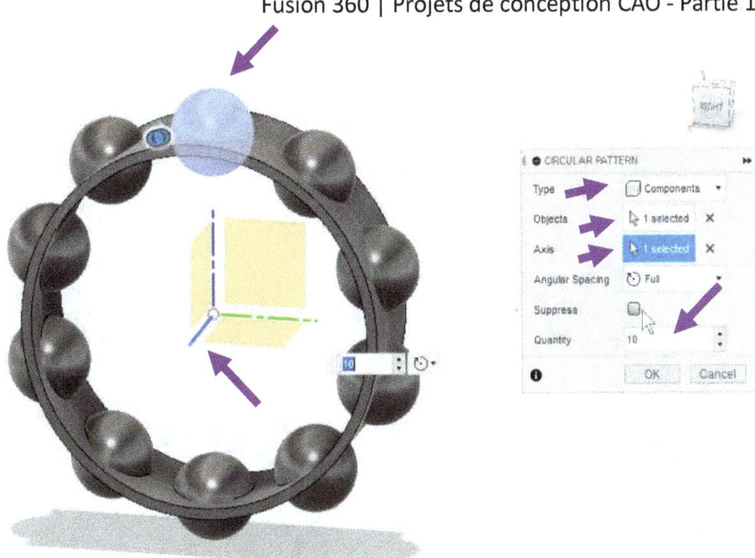

Malheureusement, bien que ces sphères soient maintenant à la bonne position, elles ne sont pas encore liées, ce qui signifie que nous pouvons encore les déplacer dans l'espace.

Pour éviter de devoir créer manuellement une articulation pour chaque sphère, nous utilisons une nouvelle commande appelée "Rigid Group", qui se trouve dans le menu "Assemble". Cette commande nous permet de fixer la position relative des sphères en tant que groupe.

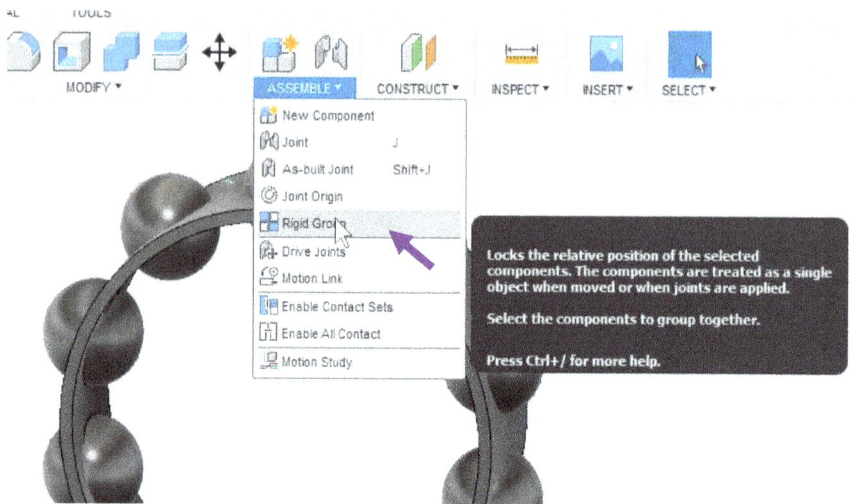

Pour cela, il suffit de sélectionner toutes les sphères, y compris celle qui a déjà une articulation, et de valider avec "Ok".

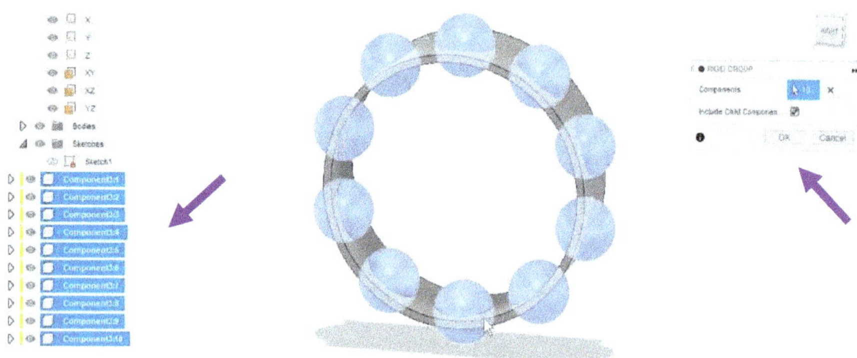

Les billes sont maintenant solidement fixées. Pour pouvoir effectuer toutes les autres contraintes, nous affichons à nouveau les bagues de roulement à billes extérieures et intérieures en cliquant sur les icônes d'œil dans l'arborescence. Nous créons ensuite une articulation entre les deux bagues de roulement à billes en plaçant l'origine de l'articulation au centre de chaque composant. Cela peut demander un peu de patience pour trouver le bon point - le centre.

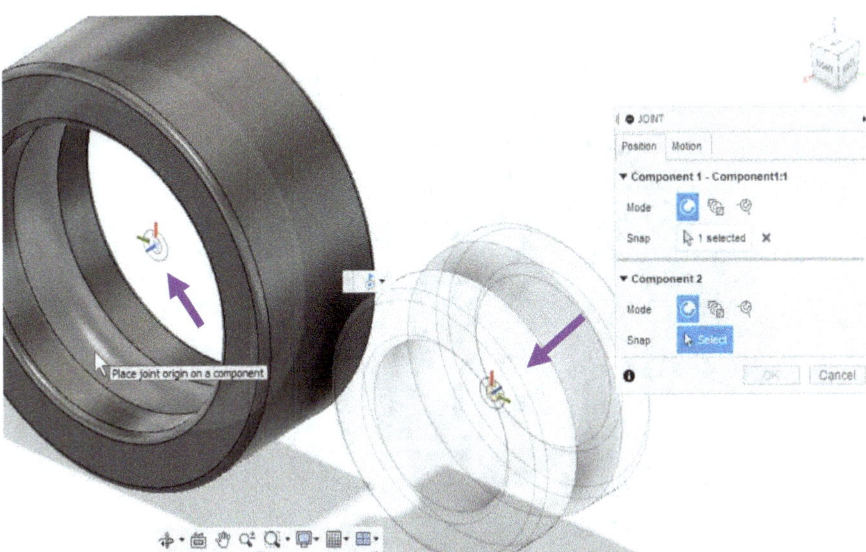

Nous choisissons le type d'articulation "Revolute". Enfin, nous relions la cage à billes, y compris les billes, aux deux bagues de roulement à billes. Pour cela, nous procédons de la même manière que précédemment. Placez les points d'origine de l'articulation au centre et sélectionnez le type d'articulation "Revolute".

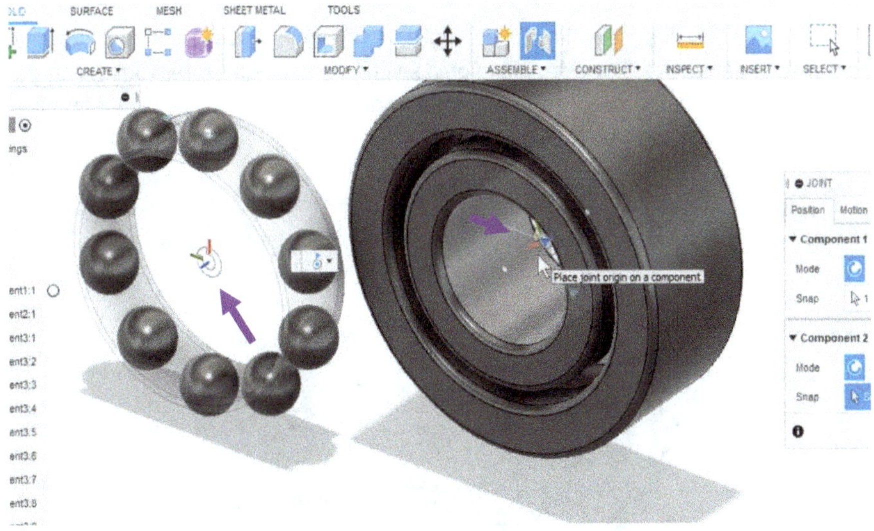

Le roulement à billes est prêt ! Superbement fait ! Pour voir un peu plus, nous pouvons créer une vue en coupe afin de pouvoir regarder à l'intérieur. Pour cela, nous utilisons "Section Analysis" dans le menu "Inspect".

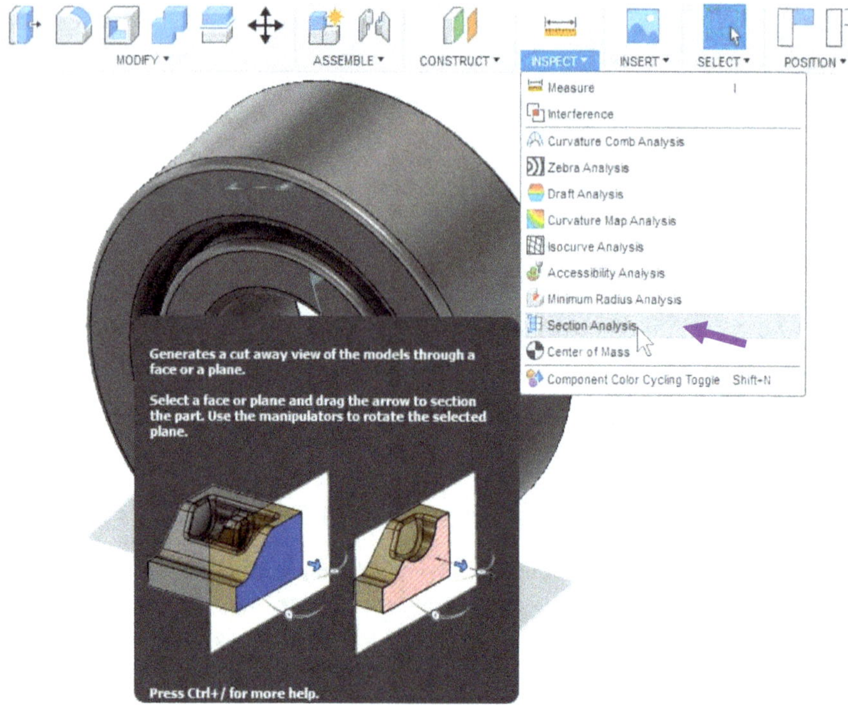

Nous devons ensuite sélectionner le plan dans lequel nous voulons couper le composant, dans ce cas par exemple le plan x-y, de sorte que nous puissions regarder à l'intérieur par le haut. Si nous faisons tourner l'anneau intérieur, nous voyons les billes se déplacer dans le roulement. Génial, non ?

Alternativement ou en plus, nous pouvons également agir sur l'affichage de l'anneau extérieur en cliquant avec le bouton droit sur le corps dans l'arborescence et en sélectionnant "Opacity Control" afin de pouvoir regarder à l'intérieur.

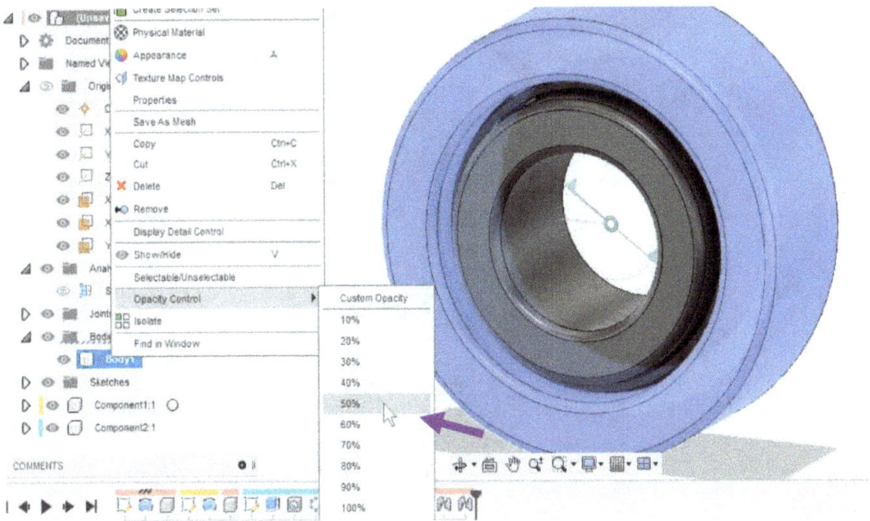

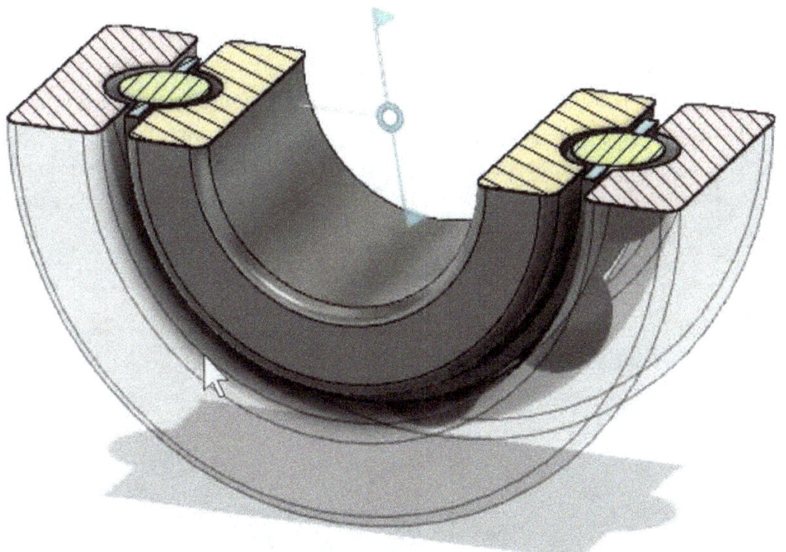

Le prochain projet de conception sera un arrosoir, avant que nous ne revenions à un outil après avoir conçu une télécommande. Nous avons donc encore du pain sur la planche ! La suite.

9 Projet 8 : Arrosoir

Passons maintenant au projet de conception suivant. Nous souhaitons concevoir un arrosoir design. Si nous décomposons mentalement l'arrosoir terminé en ses différentes parties, nous pouvons voir que nous avons besoin d'un corps de base ovale et creux avec une cavité dans la partie supérieure, un col à l'avant et une poignée que nous ajouterons plus tard au corps de base. Il est toujours très utile d'imaginer les différents corps de base et de réfléchir à la manière de les construire. Pour le corps de base ovale que nous souhaitons extruder, nous créons une esquisse 2D sur le plan x-y. Nous sélectionnons ensuite la commande "Ellipse" pour dessiner le plan de masse ovale.

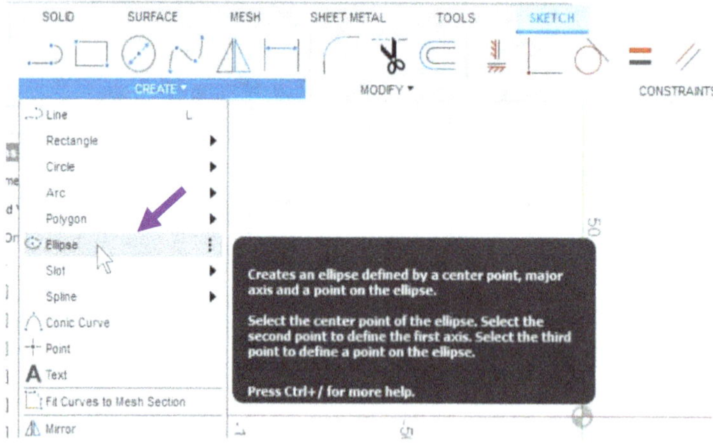

Nous partons du point central et cotons la largeur de l'ellipse à 140 mm et la hauteur à 85 mm.

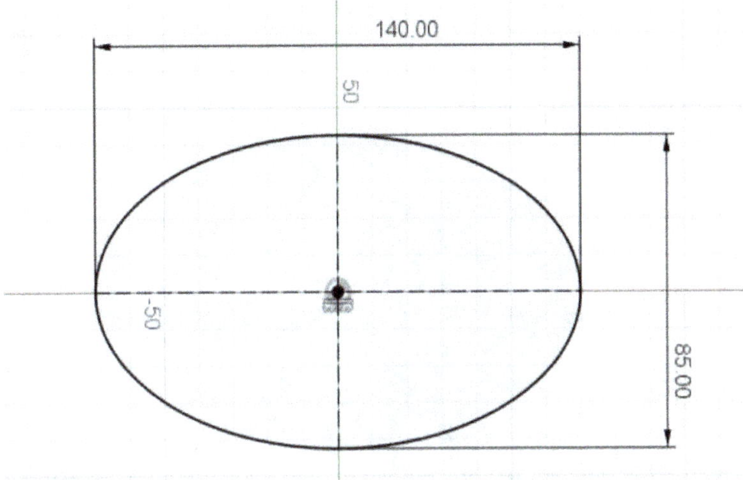

Nous pouvons maintenant quitter l'esquisse 2D. Nous allons maintenant utiliser la fonction "Extrusion" pour créer le corps de base. L'arrosoir doit mesurer 160 mm de haut.

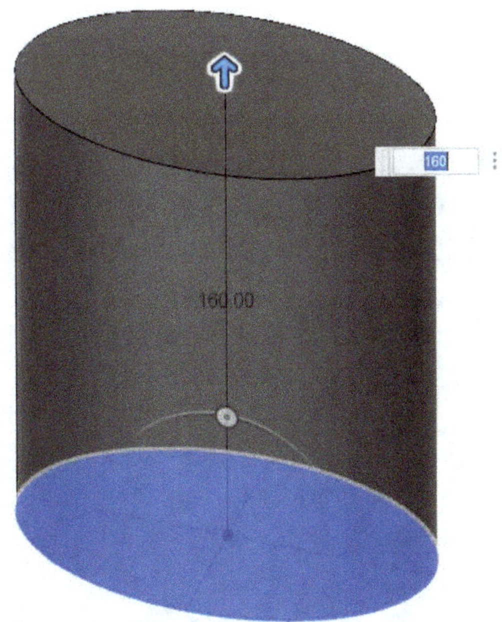

Pour pouvoir placer le col avant de l'arrosoir, nous allons d'abord créer un plan parallèle au plan y-z avec une distance de 65 mm. Le col doit en effet commencer légèrement à l'intérieur de l'arrosoir pour assurer une transition correcte, comme nous le verrons plus tard.

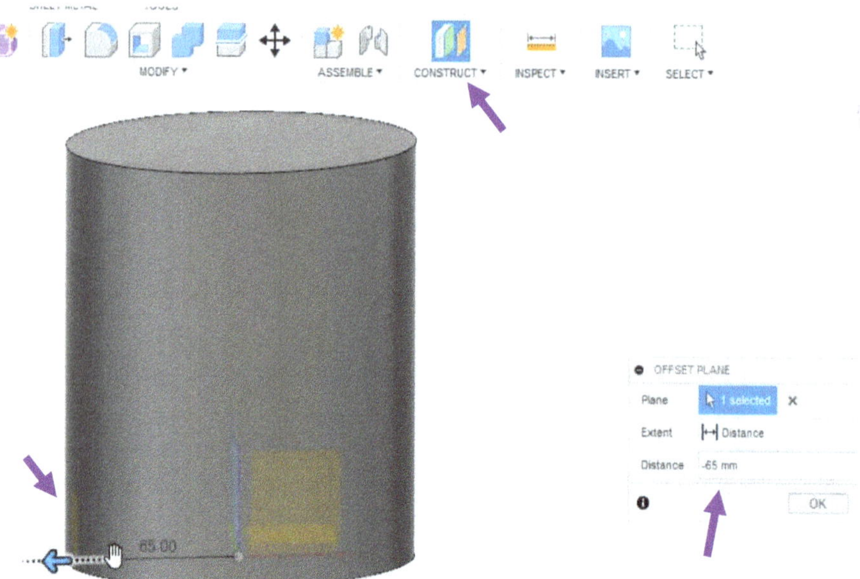

Sur ce plan, nous esquissons à nouveau une ellipse comme profil de base pour le col de l'arrosoir. Cette ellipse doit être située à 20 mm au-dessus du fond de l'arrosoir et avoir une contrainte verticale avec l'origine. Les dimensions de l'ellipse doivent être les suivantes : 10 mm de large et 20 mm de haut.

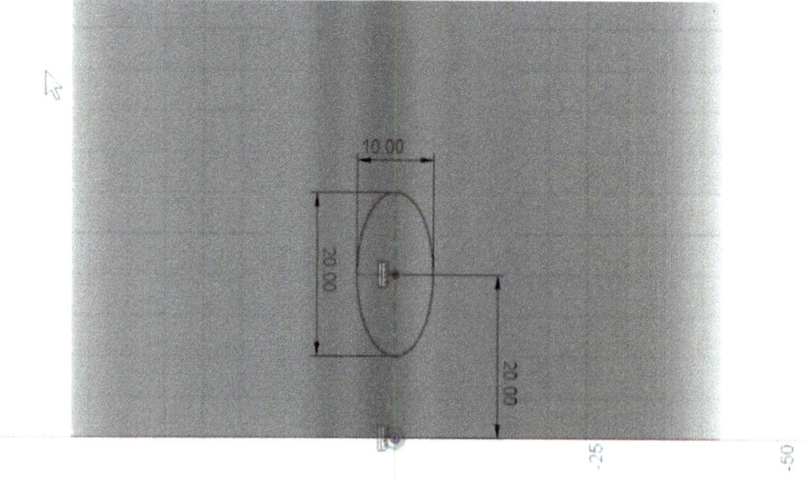

Nous pouvons alors terminer l'esquisse. Nous souhaitons créer le col de l'arrosoir à l'aide de la fonction "Sweep". Comme vous l'avez peut-être appris dans le cours pour débutants, nous avons toujours besoin d'un profil et d'un chemin pour cette fonction. Avant de dessiner ce chemin, nous allons ajouter la limite avant du col de l'arrosoir. Pour cela, nous créons un plan "offset" de -180 mm par rapport au plan y-z et dessinons une autre ellipse sur ce plan dans la partie supérieure.

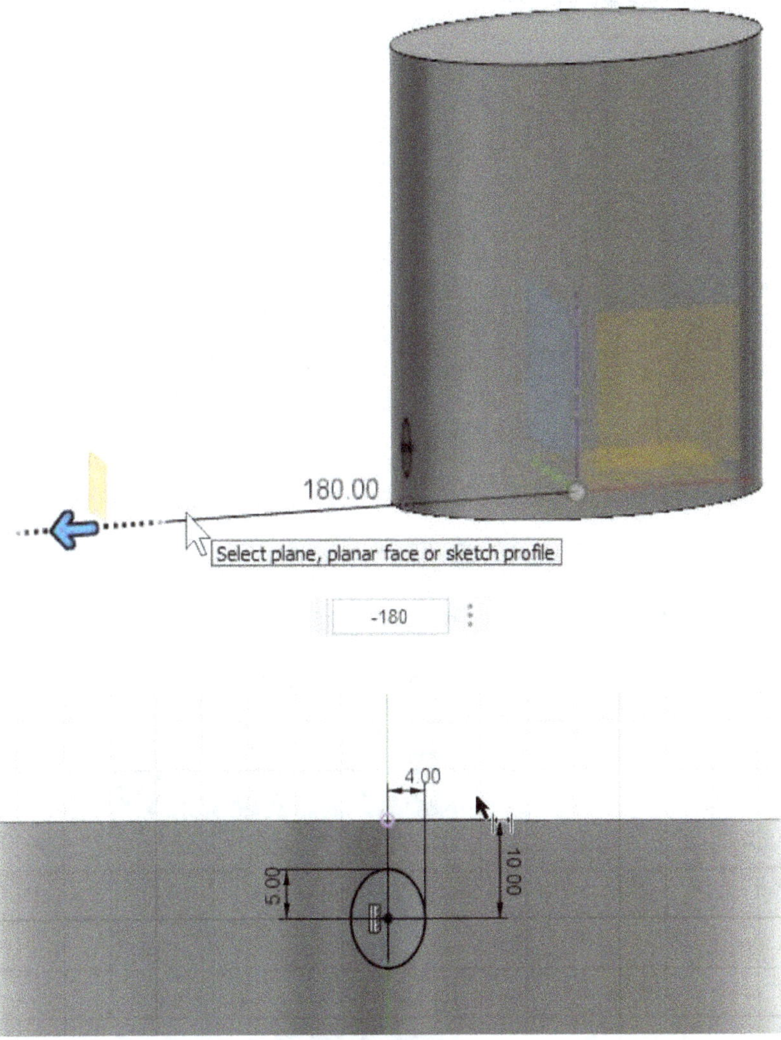

Nous pourrions simplement dessiner un point, puisque nous n'avons besoin de cette esquisse que pour la position finale du chemin, comme nous allons le voir. Nous dessinons donc une ellipse de n'importe quelle dimension et la relions verticalement à l'origine. La distance verticale au bord supérieur de l'arrosoir doit être de 10 mm. Une fois l'esquisse terminée, nous pouvons démarrer une nouvelle esquisse sur le plan x-z, dans laquelle nous dessinons le chemin pour la commande "Sweep". Pour le chemin, nous dessinons simplement une liaison entre les deux esquisses précédentes, sous la forme d'un arc à 3 points, afin de répondre aux exigences de conception. Le point de départ et le point d'arrivée doivent se trouver au centre des deux ellipses esquissées précédemment, vous devrez peut-être créer des contraintes coïncidentes. Le rayon de l'arc doit être de 245 mm, par exemple.

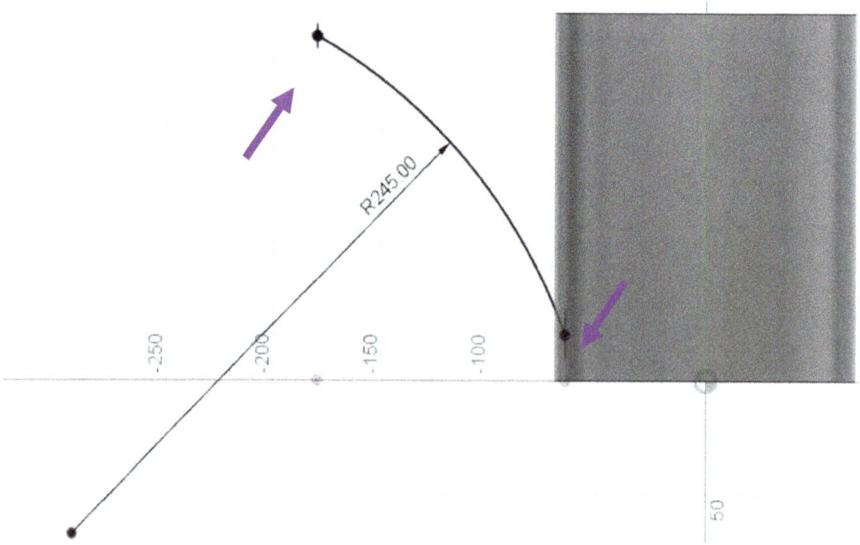

Nous pouvons alors quitter l'esquisse et sélectionner la commande "Sweep". Nous devons alors d'abord sélectionner le profil du col de l'arrosoir et, dans un deuxième temps, après avoir changé la sélection dans les paramètres pour "Path", sélectionner le chemin qui correspond à notre arc.

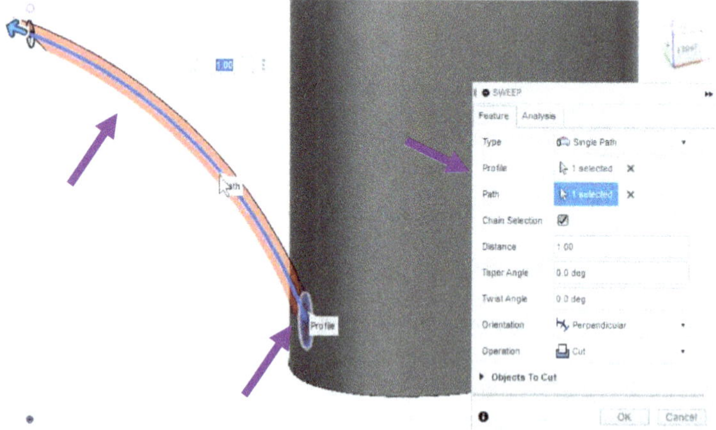

Pour faire pivoter le bec verseur de 180 degrés à l'extrémité avant, nous pouvons ensuite définir une torsion de 180 degrés dans les paramètres "Twist Angle". Enfin, nous devons changer l'"Opération" en "Join" pour créer le matériau.

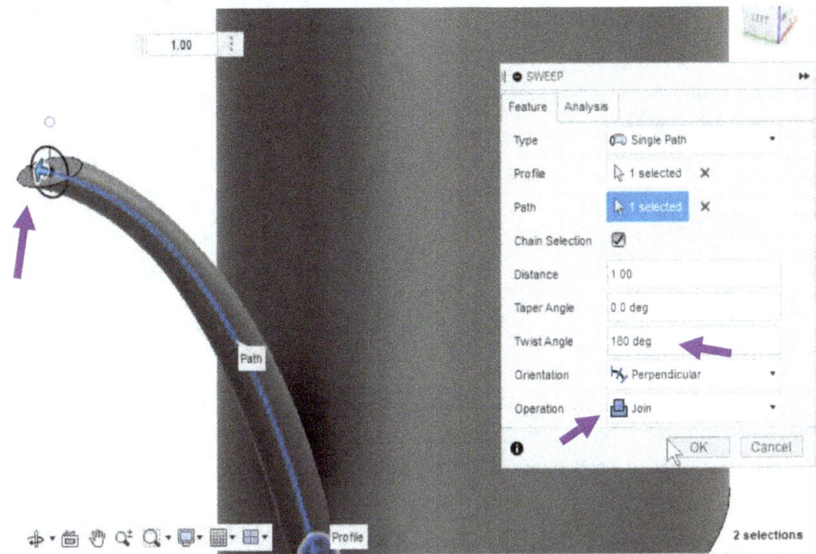

L'étape suivante consiste à créer le creux ovale sur la surface supérieure de l'arrosoir, qui représentera plus tard l'ouverture de remplissage. Pour ce faire, nous dessinons une ellipse avec les dimensions suivantes et comme indiqué sur la surface supérieure.

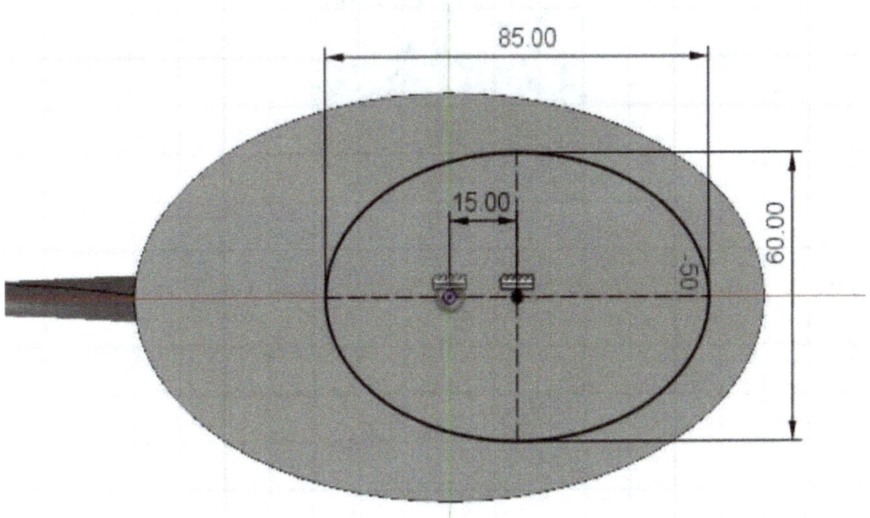

Nous extrudons ensuite ce profil de -3 mm à l'intérieur de l'arrosoir.

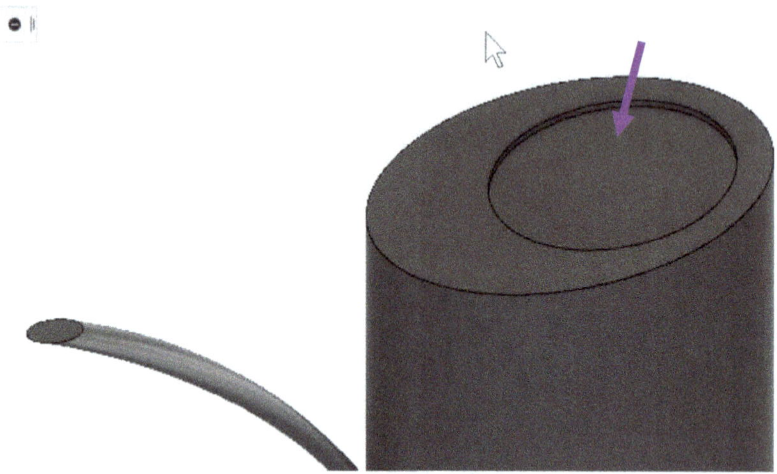

Ensuite, nous souhaitons creuser le corps de base. Comment allons-nous faire cela ? Exactement, avec la commande "Shell" ! Sélectionnez la commande, sélectionnez la surface de la zone de remplissage, sélectionnez également la surface supérieure du col de la verseuse et définissez une épaisseur de paroi de 1,5 mm, par exemple.

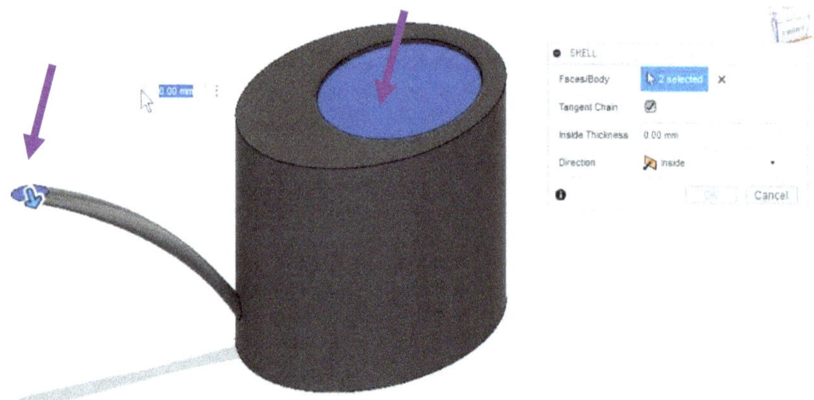

Nous sommes maintenant relativement avancés, il ne reste plus que la poignée. Nous créons la poignée de manière relativement similaire au col de l'arrosoir. Nous utilisons donc à nouveau la fonction "Sweep". Comme profil, nous dessinons une ellipse dans la zone arrière sur un plan "offset" qui doit être à une distance de 68 mm du plan y-z. Nous pouvons également utiliser la fonction "offset".

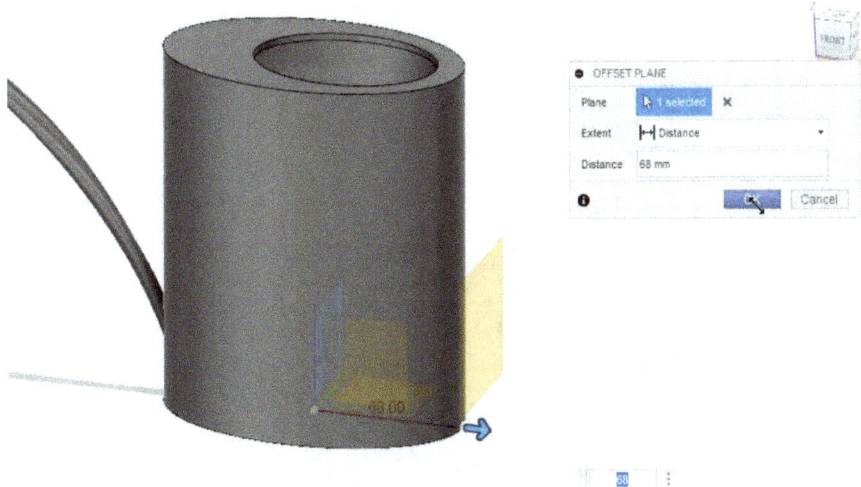

L'ellipse doit alors mesurer 15 mm de large et 7 mm de haut, avoir une distance verticale de 15 mm par rapport à l'origine et être centrée.

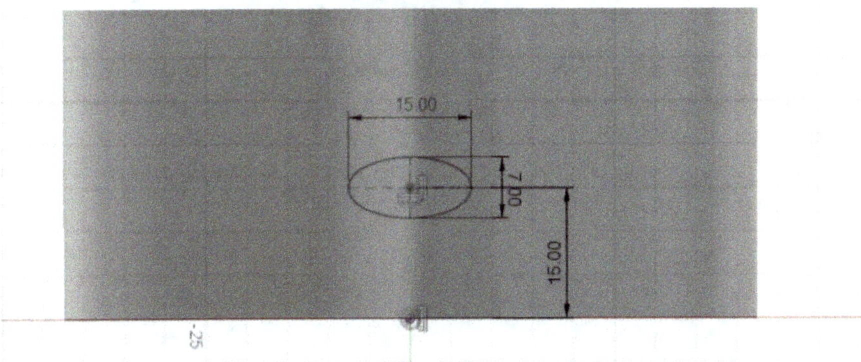

Nous terminons l'esquisse puis créons le chemin en démarrant une esquisse sur le plan x-z. La poignée de l'arrosoir doit être relativement évasée et incurvée d'un point de vue design. Nous commençons d'abord par une simple ligne oblique qui doit commencer au centre de l'ellipse dessinée précédemment. Vous devrez éventuellement créer une contrainte coïncidente. Pour la poignée, nous dessinons de manière relativement libre, c'est pourquoi nous nous épargnons la plupart des cotes pour le moment, puis nous définirons le profil d'une autre manière par la suite. Nous ajoutons ensuite un arc à 3 points entre l'extrémité de la ligne oblique et la ligne centrale. Dans la partie inférieure, l'arc doit être tangent à la ligne, sinon vous pouvez le concevoir librement comme vous le souhaitez.

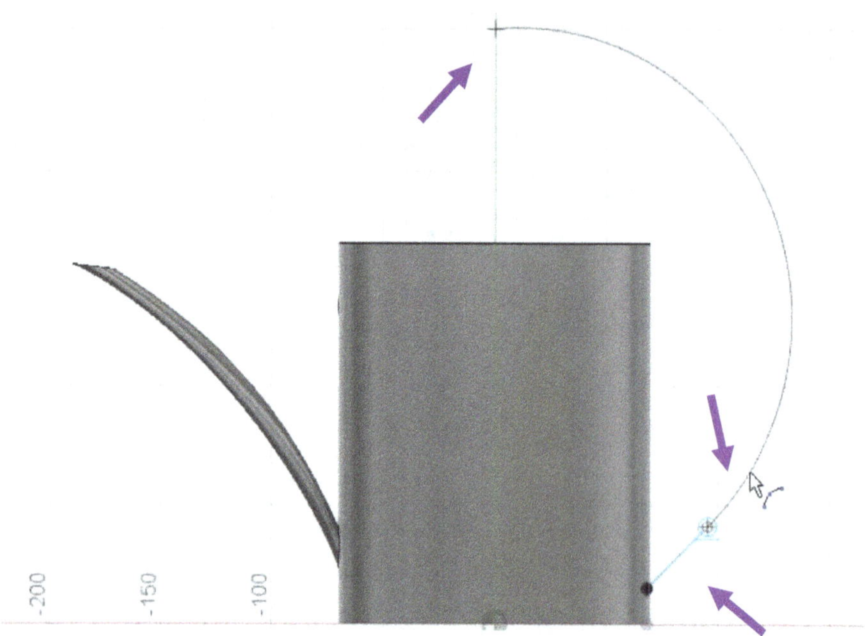

Ensuite, nous ajoutons une autre ligne oblique dans la partie supérieure avant de l'arrosoir. Celle-ci doit partir de l'intérieur pour que les bords de l'anse soient ensuite correctement modelés. Nous mesurons pour cela une distance de 4 mm par rapport au point d'angle supérieur avant. Nous complétons le chemin avec deux autres arcs à 3 points, que nous plaçons également tangentiellement l'un à l'autre.

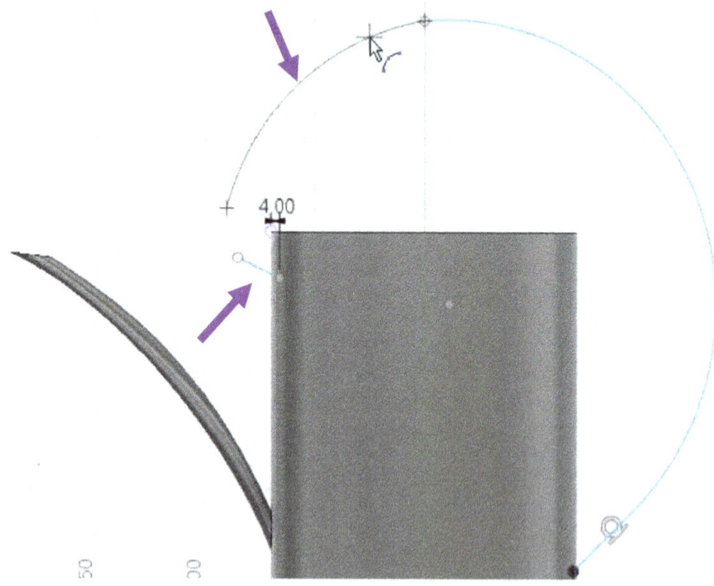

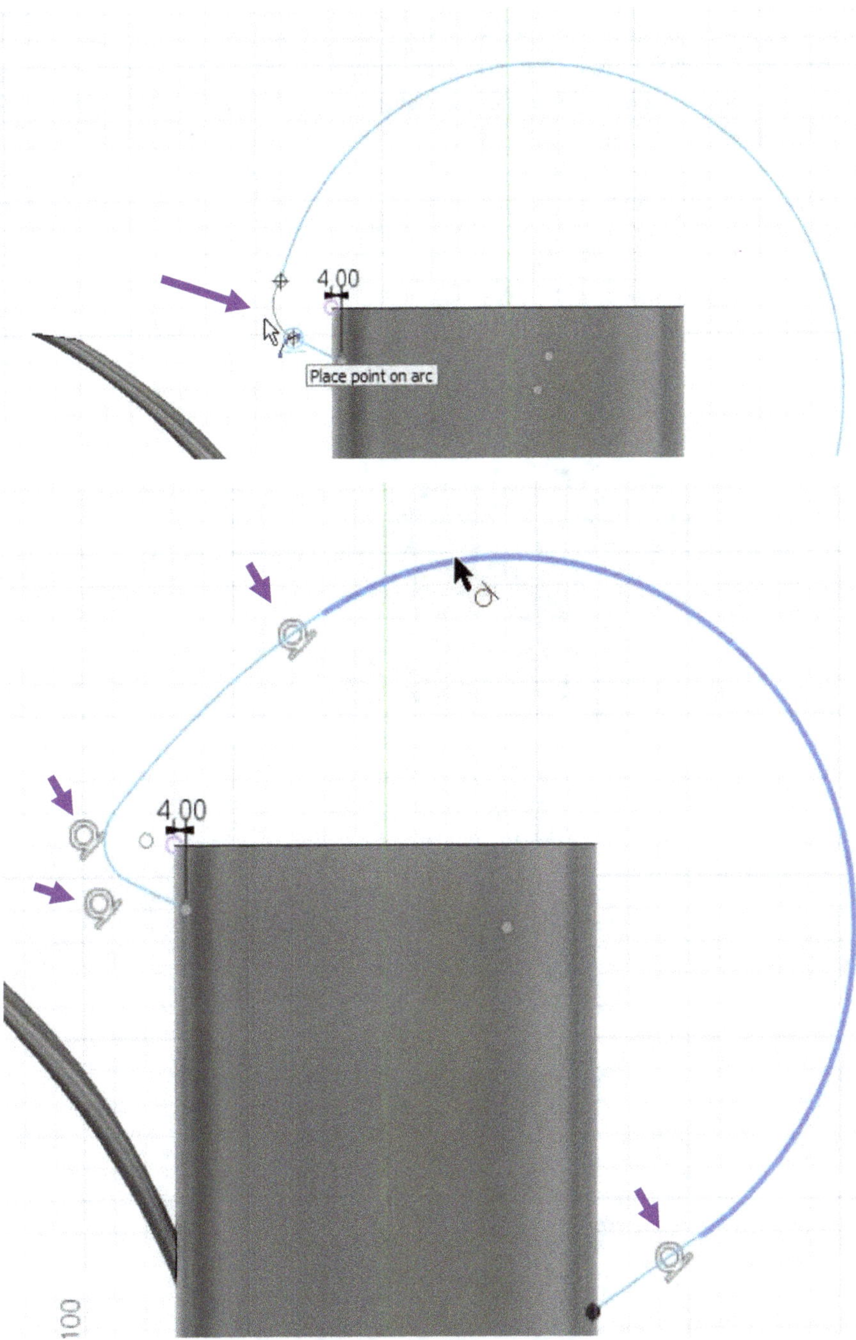

Nous n'avons pas besoin de prendre des cotes relativement complexes pour définir complètement le profil. Comme nous n'avons pas de cotes prédéfinies et que nous avons fait une esquisse à main levée, c'est tout à fait justifié. Pour définir le profil dans sa position actuelle, nous utilisons la "constraint" : "Fix". Sélectionnez toutes les sections du profil, y compris les angles, et cliquez sur le petit symbole de cadenas dans les contraintes.

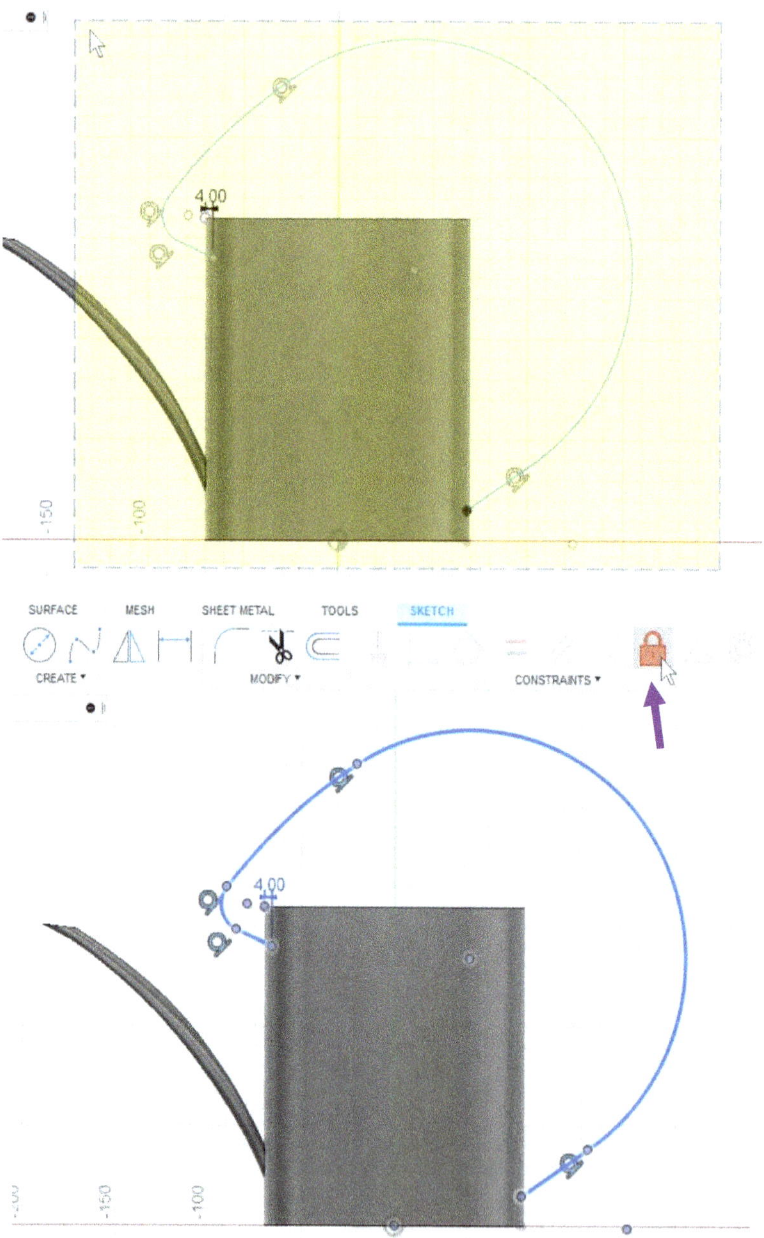

Le profil devient alors vert et est entièrement fixé dans le plan. C'est la manière facile ou rapide de définir complètement une esquisse. Une fois l'esquisse terminée, nous pouvons créer l'anse à l'aide de la commande "Sweep". Pour ce faire, sélectionnez le profil et le chemin comme précédemment.

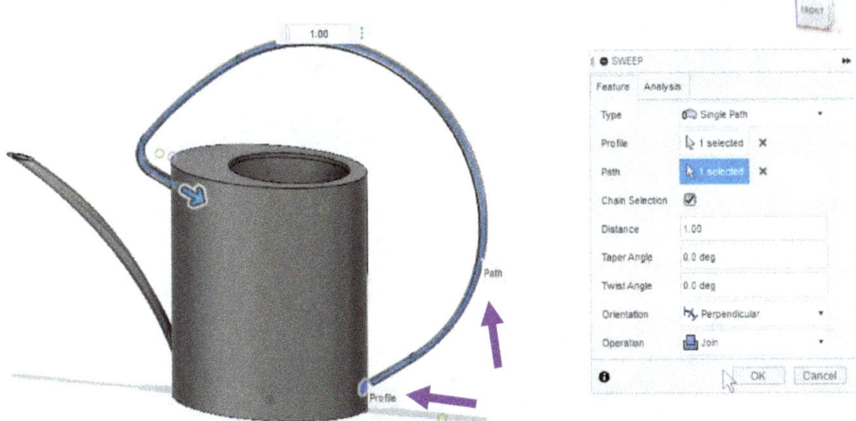

Dans l'avant-dernière étape, nous créons encore quelques congés comme suit : 5 mm pour le bord inférieur, également 5 mm pour les deux bords supérieurs, 2 mm pour les bords des carottes et 0,5 mm pour le bec verseur de la verseuse.

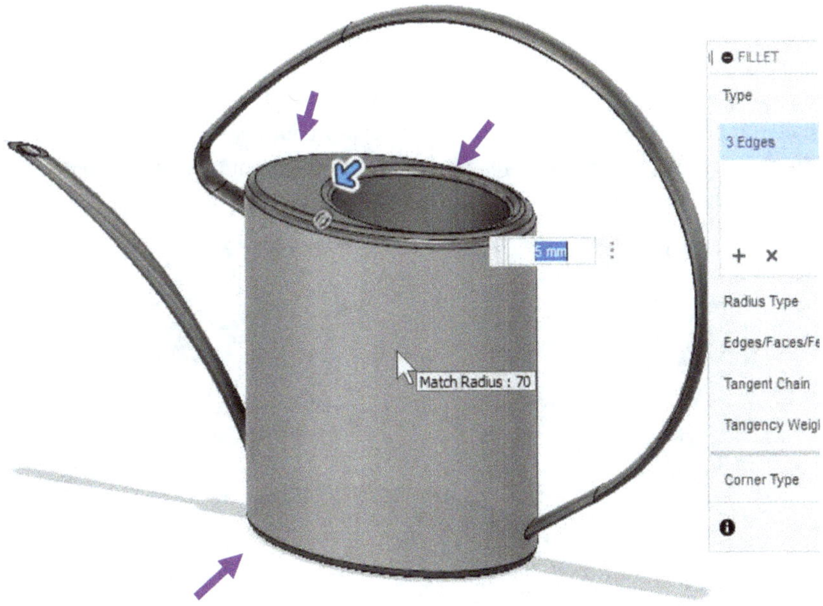

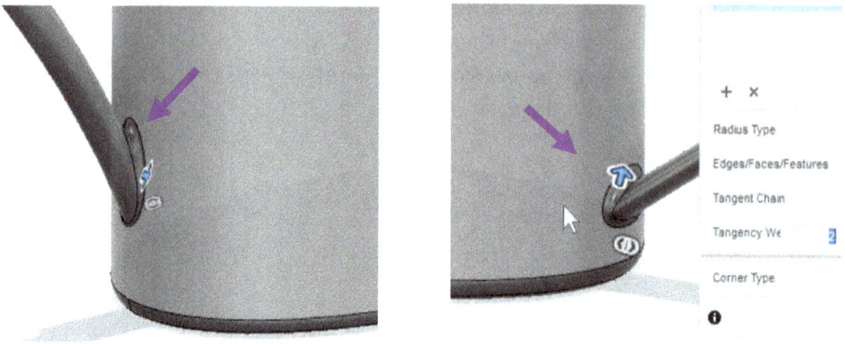

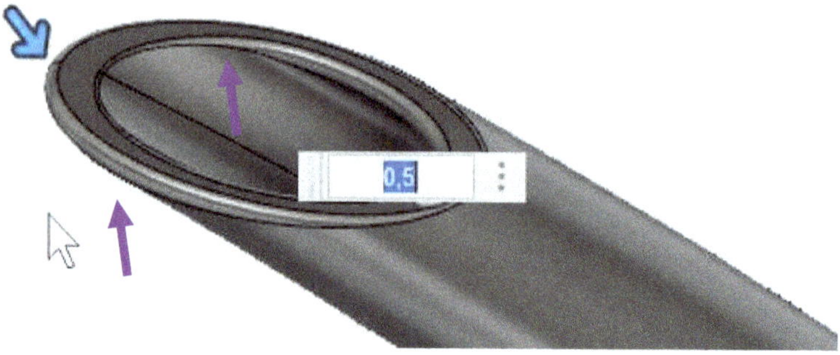

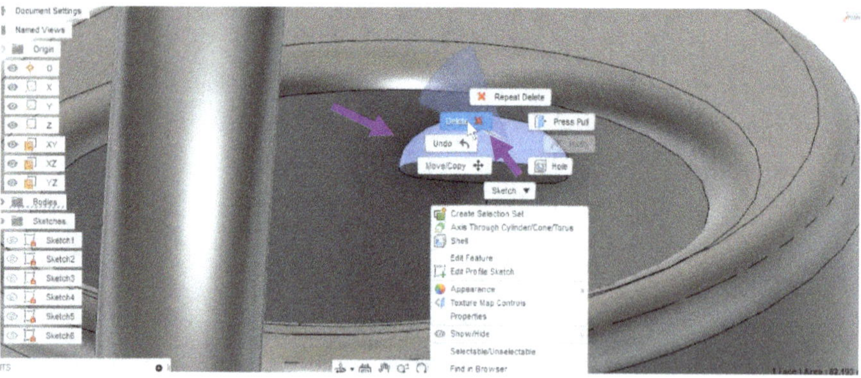

Si nous jetons un coup d'œil à l'intérieur de l'arrosoir, nous remarquons que des restes de poignée dépassent à l'intérieur, ils sont nécessaires pour que la commande "Sweep" puisse modeler correctement la poignée sur les courbes extérieures. Nous pouvons maintenant supprimer ces restes en cliquant simplement avec le bouton droit de la souris et en sélectionnant "Delete".

Excellent ! La dernière étape consiste à modifier légèrement l'apparence. Nous pourrions par exemple choisir l'apparence d'une surface en plastique vert brillant.

L'arrosoir est prêt. Vous pouvez maintenant l'imprimer à l'aide d'une imprimante 3D. Si vous êtes intéressé par ce sujet, suivez mon cours d'initiation à l'impression 3D !

Dans le chapitre suivant, nous allons construire une télécommande factice.

10 Projet 9 : Télécommande

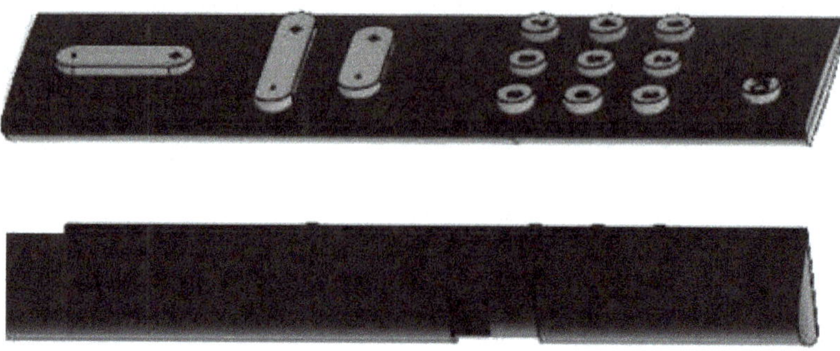

Dans ce chapitre, nous allons construire une télécommande avec un compartiment à piles, un couvercle coulissant et quelques boutons. Normalement, une telle télécommande n'est pas construite en une seule pièce, mais en plusieurs pièces moulées par injection. Dans ce cas, nous ne construirons qu'une seule pièce factice. Pour le corps de base, qui a une forme ovale et que nous allons créer par extrusion, nous avons tout d'abord besoin d'une esquisse 2D sur le plan x-y. Pour la forme de la section, nous commençons par deux lignes verticales de 2 mm de long, que nous plaçons l'une à gauche et l'autre à droite de l'origine. La distance entre ces deux lignes doit être de 40 mm. La distance par rapport à l'origine doit être de 20 mm pour que les lignes soient symétriques par rapport à la ligne centrale. Nous créons également une contrainte horizontale entre le point de départ de la ligne et l'origine. L'étape suivante consiste à créer un arc à 3 points qui relie la partie inférieure et qui doit avoir un rayon de 25 mm.

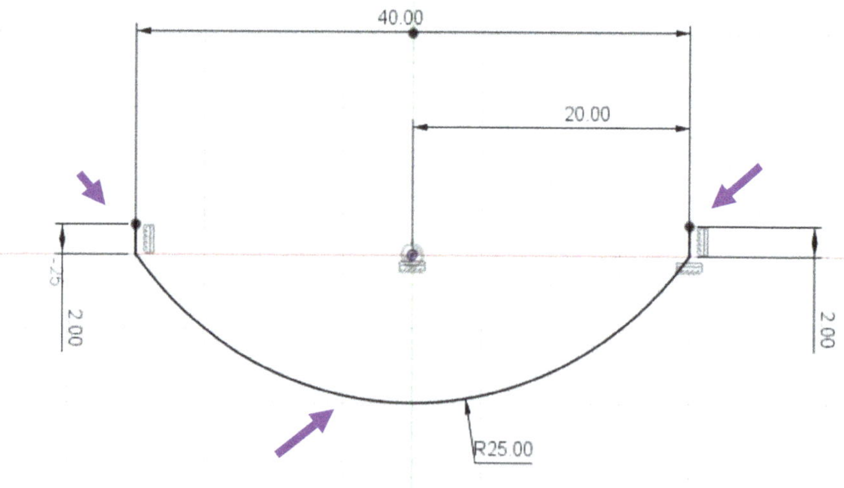

Nous plaçons un autre arc avec un rayon de 200 mm sur le côté supérieur. Enfin, nous arrondissons les quatre bords restants de 1 mm chacun.

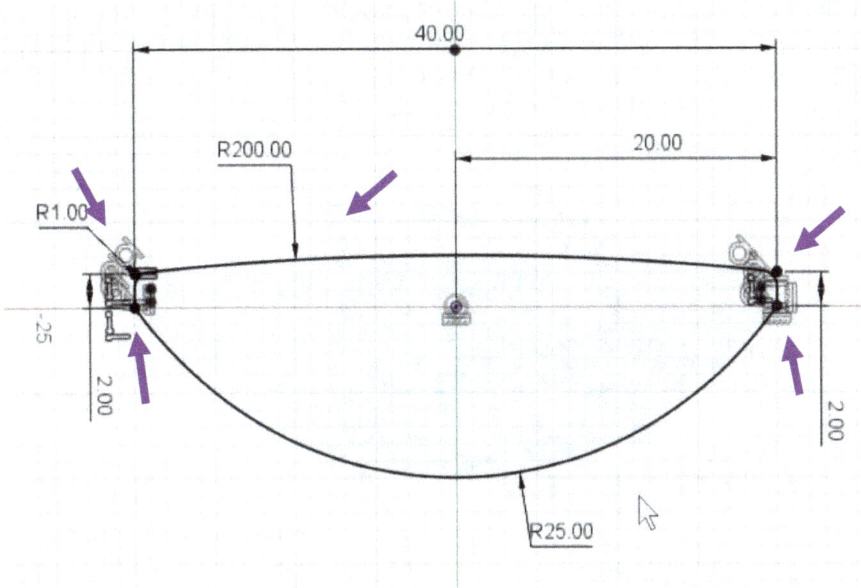

Ensuite, nous procédons à une extrusion symétrique à 75 mm d'intervalle, de sorte que notre corps de base prenne forme.

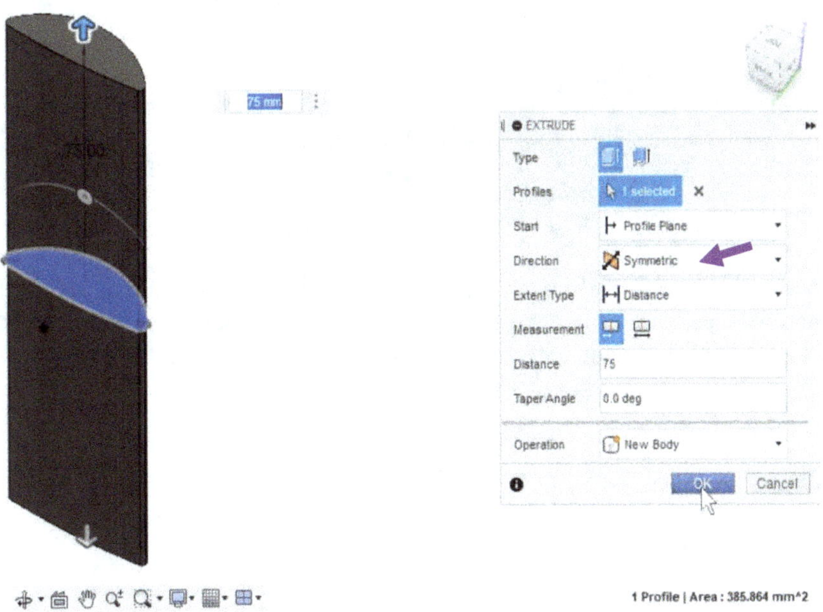

Nous souhaitons biseauter légèrement la surface supérieure de la télécommande. Nous le faisons avec un profil sur la face latérale, avec lequel nous enlevons ensuite du matériau du corps de base. Nous dessinons le profil sur le plan y-z dans la partie supérieure de la télécommande. La géométrie de départ est une ligne horizontale dont nous plaçons le point de départ et le point d'arrivée en coïncidence avec le bord supérieur de la télécommande, comme indiqué.

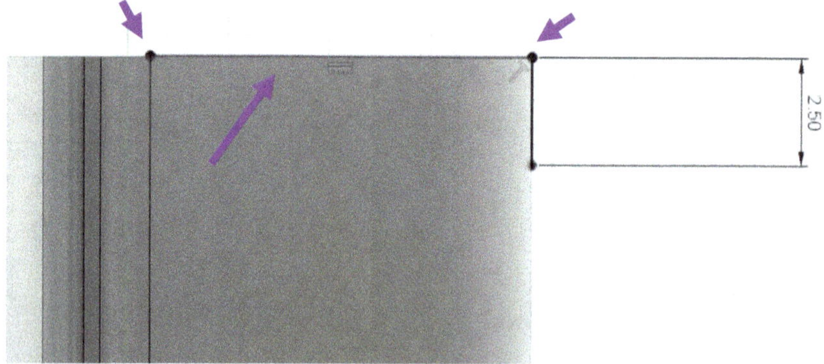

Nous esquissons ensuite une ligne verticale de 2,5 mm vers le bas sur le bord droit et relions les deux points d'extrémité restants de la géométrie par un arc de 3 points. Celui-ci aura un rayon de 40 mm.

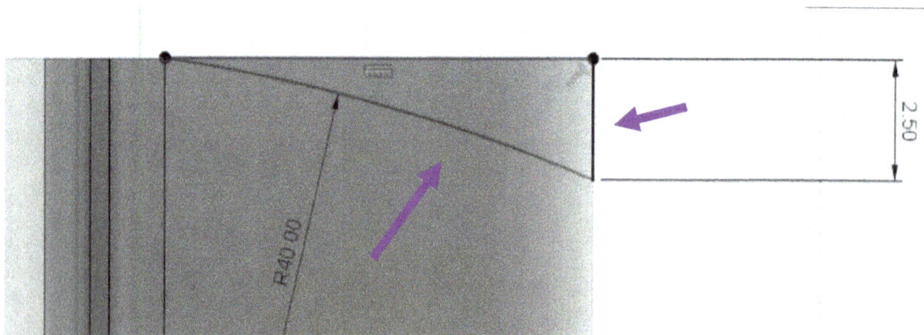

Maintenant que nous avons fait une esquisse sur le plan médian, nous devons extruder le profil à partir du centre, par exemple -20 mm, avec l'option "Symmetric" et "Cut". Nous avons maintenant une face supérieure aplatie de manière cohérente.

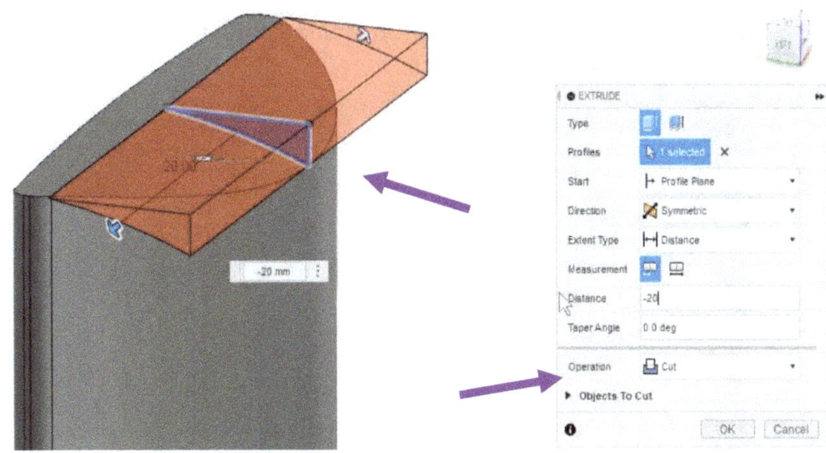

Ensuite, nous créons un plan de "offset" de 20 mm pour créer une esquisse de la découpe du couvercle de la batterie.

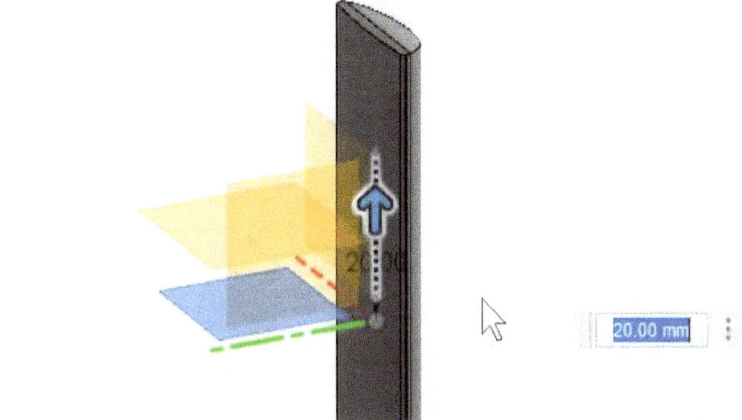

A ce niveau, nous esquissons le profil suivant :

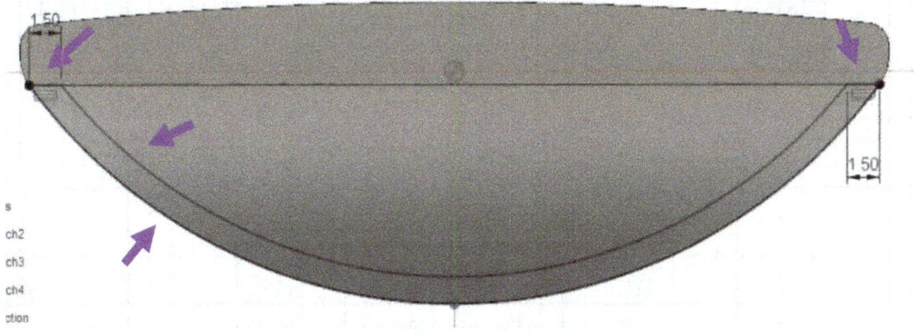

Nous découpons ensuite ce profil en mode 3D à l'aide d'une extrusion, en commençant par une coupe de -95 mm vers le bas.

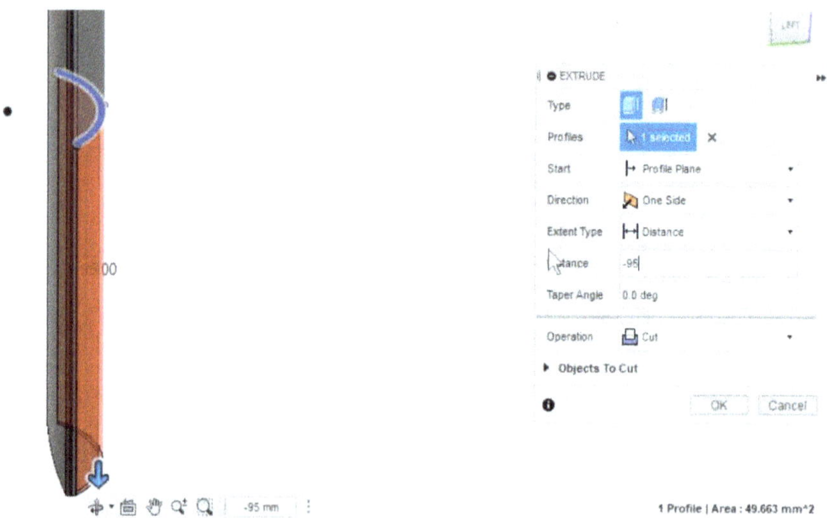

Dans l'étape suivante, nous utilisons le même profil pour créer un nouveau corps ou un nouveau composant pour le couvercle. Commençons par sélectionner : Corps.

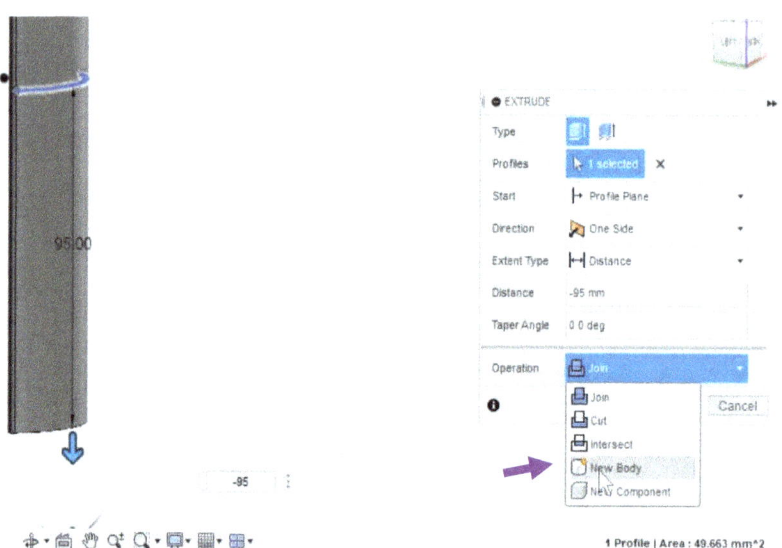

Comme nous le voyons maintenant, nous avons deux corps séparés, mais comme ce sont des corps, nous ne pouvons pas les éloigner l'un de l'autre. Nous ne pouvons donc pas créer de joint ici non plus. Mais comme il s'agit de deux pièces indépendantes, nous voulons créer une articulation. Nous aurions donc dû définir "composant". Mais, ne vous inquiétez pas, nous n'avons pas fait cette étape pour rien, nous allons maintenant utiliser la commande "New Component" et cocher la case "From Bodies" pour créer un nouveau composant à partir du corps.

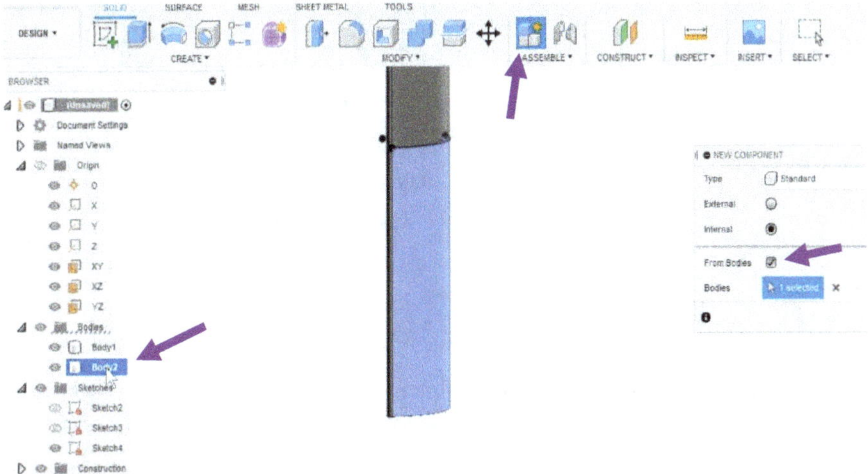

Dans l'arborescence, nous voyons que le deuxième corps n'existe plus, mais qu'un composant a été ajouté. Nous pouvons maintenant relier les deux composants à l'aide d'une articulation. Pour cela, nous choisissons par exemple les origines d'articulation suivantes et le type d'articulation "Slider".

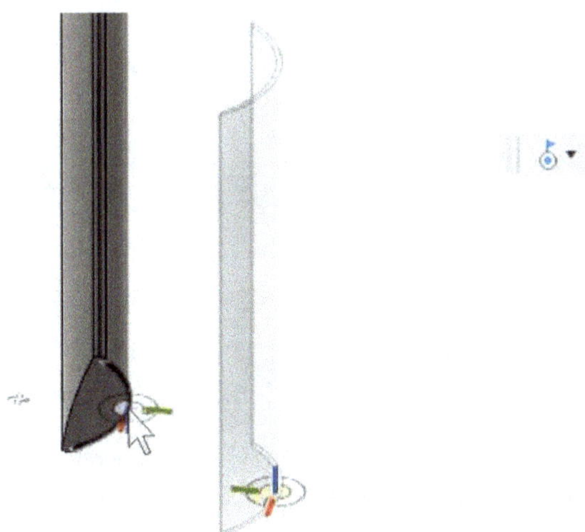

Pour le point de butée supérieur, il nous reste à régler le point final en cliquant avec le bouton droit sur l'articulation dans la ligne de temps ou dans l'arborescence et en sélectionnant "Edit Joint Limits".

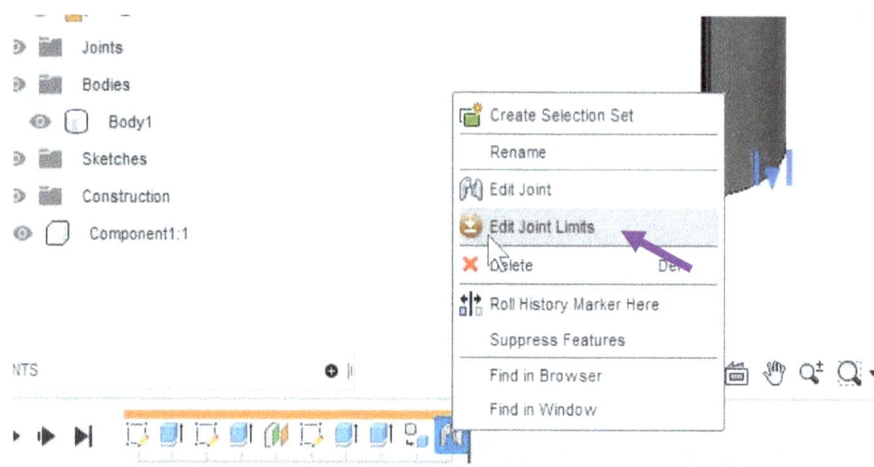

Cela fonctionne en activant l'option "Minimum". La valeur définie de 0 mm convient déjà, car nous avons lié le couvercle du compartiment de la batterie lorsqu'il est fermé.

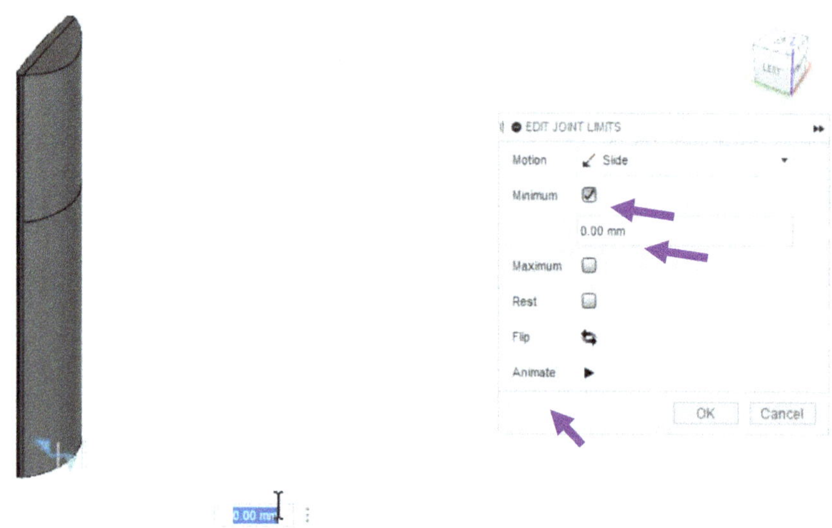

En cliquant sur "Animate" dans les paramètres, nous pouvons nous assurer du bien-fondé de la démarche. Il ne nous reste plus qu'à déplacer le couvercle de la batterie jusqu'au point d'arrêt supérieur.

Nous allons ensuite créer une section qui représentera le compartiment des piles. Pour cela, nous créons un plan parallèle au plan x-z avec une distance de -2,5 mm. Sur ce plan, nous dessinons le profil rectangulaire suivant :

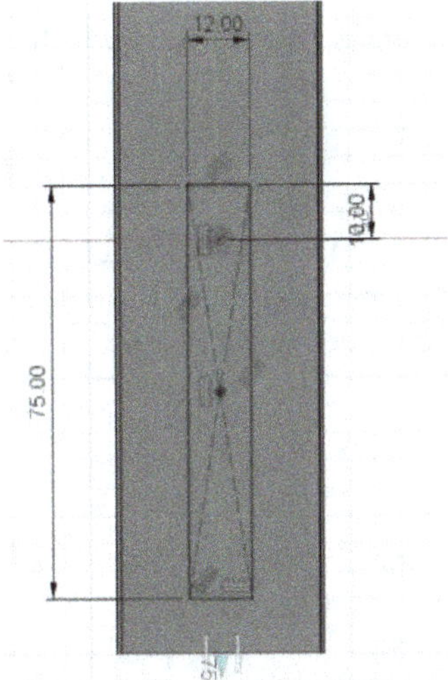

Avant d'extruder le profilé rectangulaire, nous devons d'abord faire glisser le couvercle pour éviter qu'il ne soit découpé par inadvertance. Nous coupons ensuite -10 mm avec la commande "Extrusion" et obtenons ainsi le compartiment à piles.

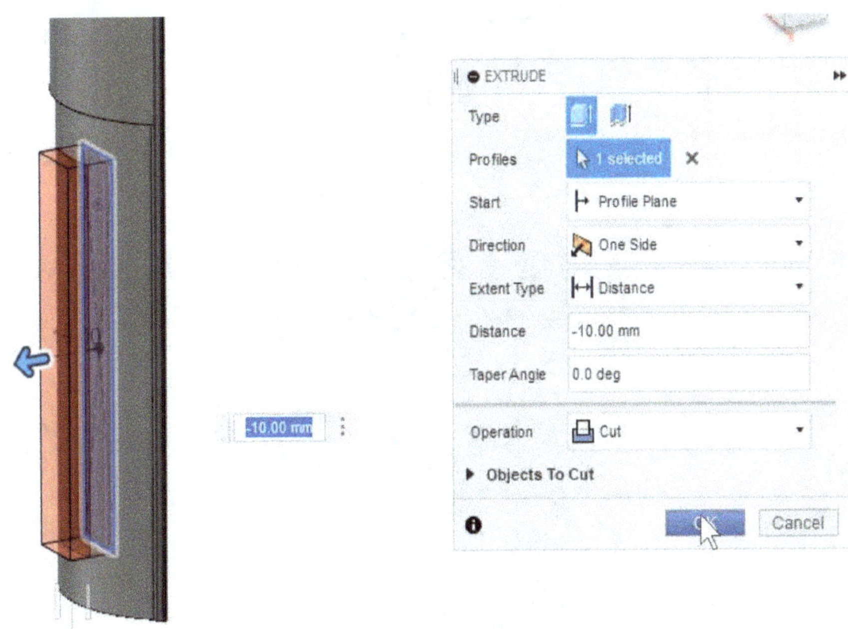

Pour que la face avant ne reste pas aussi vierge qu'elle l'est encore, nous allons maintenant nous atteler à l'esquisse des boutons de la télécommande. Pour ce faire, nous réalisons une esquisse sur le plan x-z. Nous extrudons donc à partir de l'intérieur. Nous devons le faire car la face avant de la télécommande est bombée. Si nous esquissions sur cette face bombée, les transitions latérales des boutons ne seraient pas liées à la face. Essayez donc de vous entraîner et vous comprendrez tout de suite ce que je veux dire.

Nous allons donc, comme nous l'avons dit, esquisser sur le plan x-z. Pour la première touche, la touche Marche/Arrêt, nous esquissons un cercle de 7 mm de diamètre en haut à droite et positionnons le cercle à 9 mm ou 65 mm de l'origine. La touche suivante reçoit également un cercle de 7 mm, qui doit être positionné à 12,5 mm ou 45 mm de l'origine.

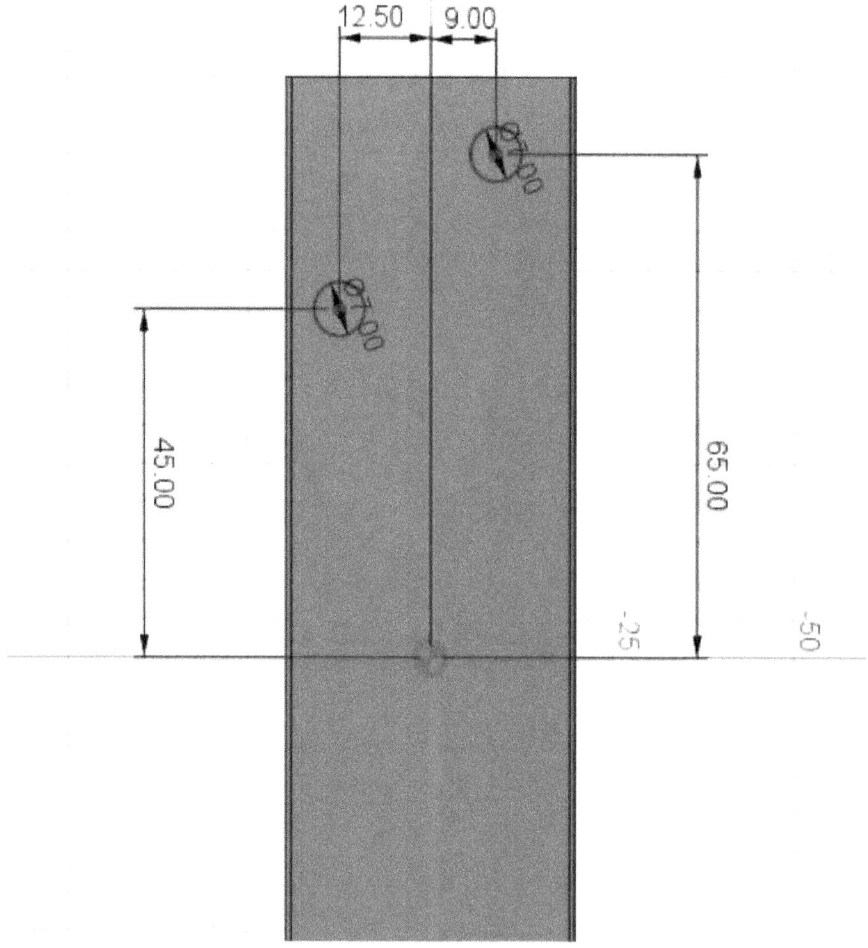

Nous allons maintenant créer un clavier à l'aide de la commande "Rectangular Pattern" du menu "Create". Pour ce faire, sélectionnez le cercle et faites glisser les flèches affichées vers la droite et vers le bas. Nous voulons trois cercles dans la direction x et trois dans la direction z, le nombre est déjà défini ici. Nous définissons ensuite un espacement de -25 mm dans la direction x et de +25 mm dans la direction z. Nous pouvons également définir le nombre de cercles.

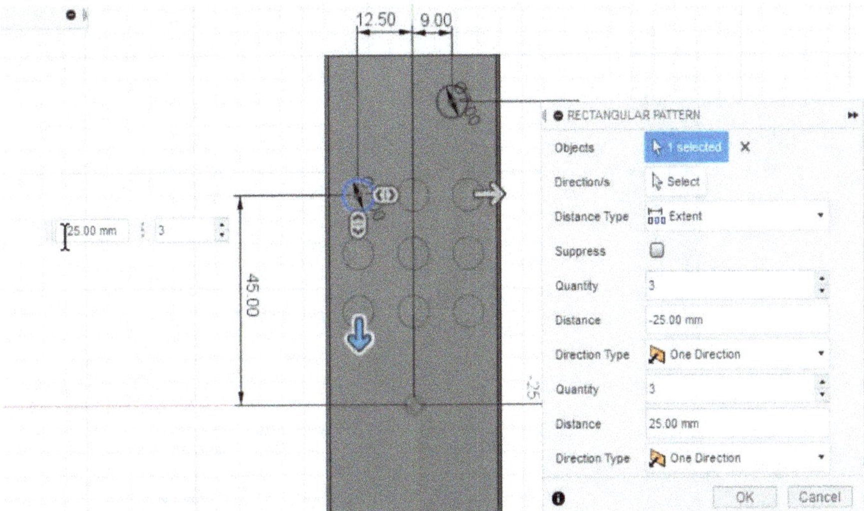

Les trois dernières touches doivent être esquissées à partir de trous oblongs et deux d'entre elles doivent être disposées horizontalement, une verticalement. Cela devrait ressembler à ceci, y compris les cotes.

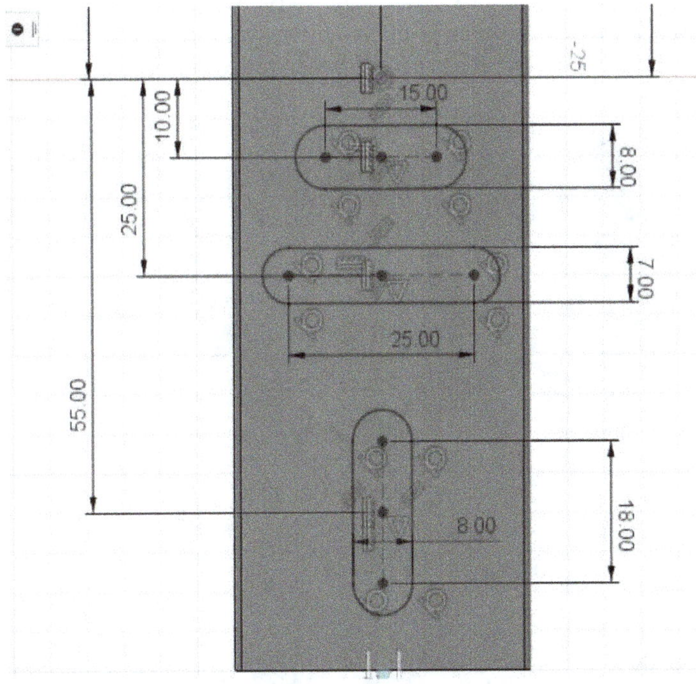

Nous pouvons alors terminer l'esquisse et extruder les boutons de 4,5 mm. Dans "Operation", il faut alors indiquer "New Body".

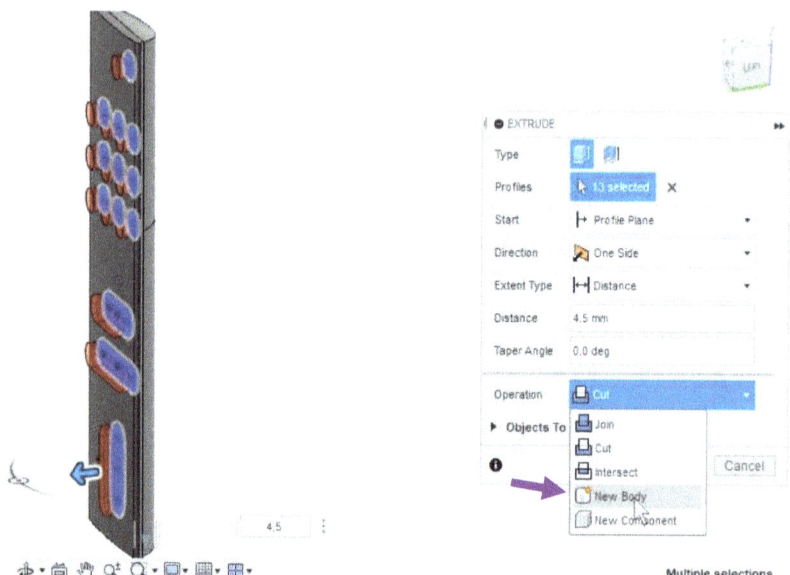

Comme nous ne dessinons qu'une maquette, les touches sont certes reliées au boîtier et ne sont pas fonctionnelles, mais nous souhaitons tout de même pouvoir différencier leur apparence par rapport au corps de base. Nous pouvons par exemple recouvrir le corps principal et le couvercle de la pile d'une peinture noire et brillante.

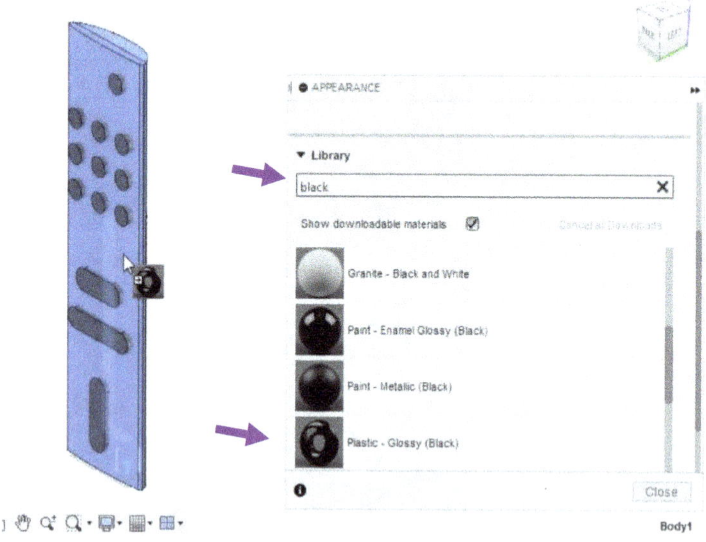

En revanche, nous recouvrons les touches d'une peinture gris-brillant, par exemple.

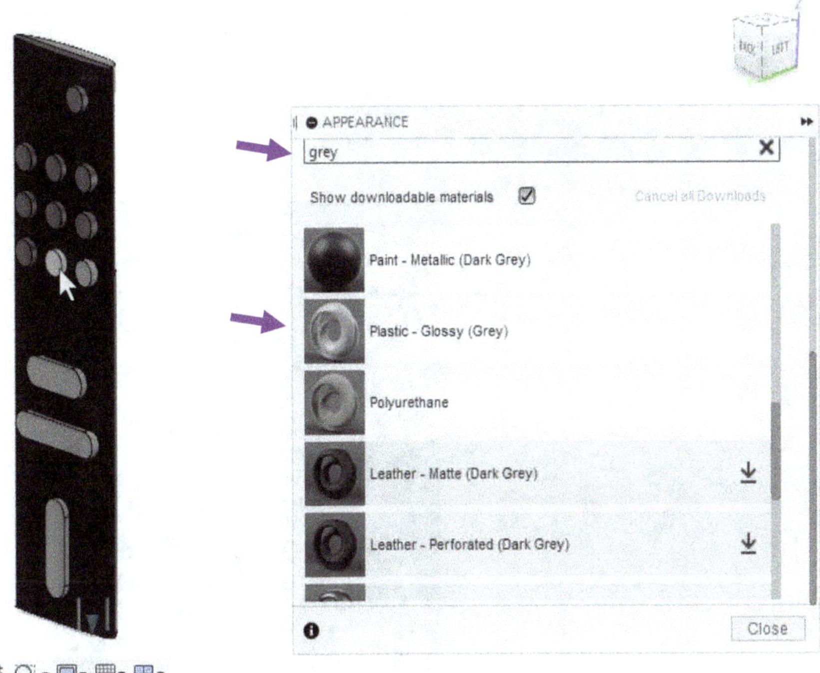

Nous avons maintenant presque terminé. La dernière étape consiste à étiqueter les touches. Nous le faisons en gaufrant les lettres et les chiffres à l'aide de la commande "Emboss / Deboss". Pour cela, nous avons d'abord besoin d'une esquisse des lettres et des chiffres. Pour cela, nous créons d'abord un plan parallèle au plan x-z, qui doit s'étendre jusqu'à la surface des touches. Pour ce faire, il suffit de cliquer sur la surface et la mesure sera automatiquement déterminée.

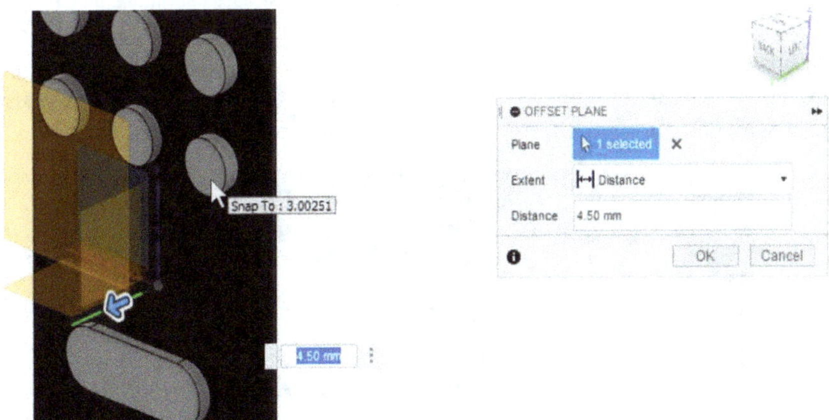

Pour créer maintenant des lettres, des chiffres et des symboles assez rapidement et très facilement, nous utilisons la commande "Text" du menu "Create" dans la zone d'esquisse 2D.

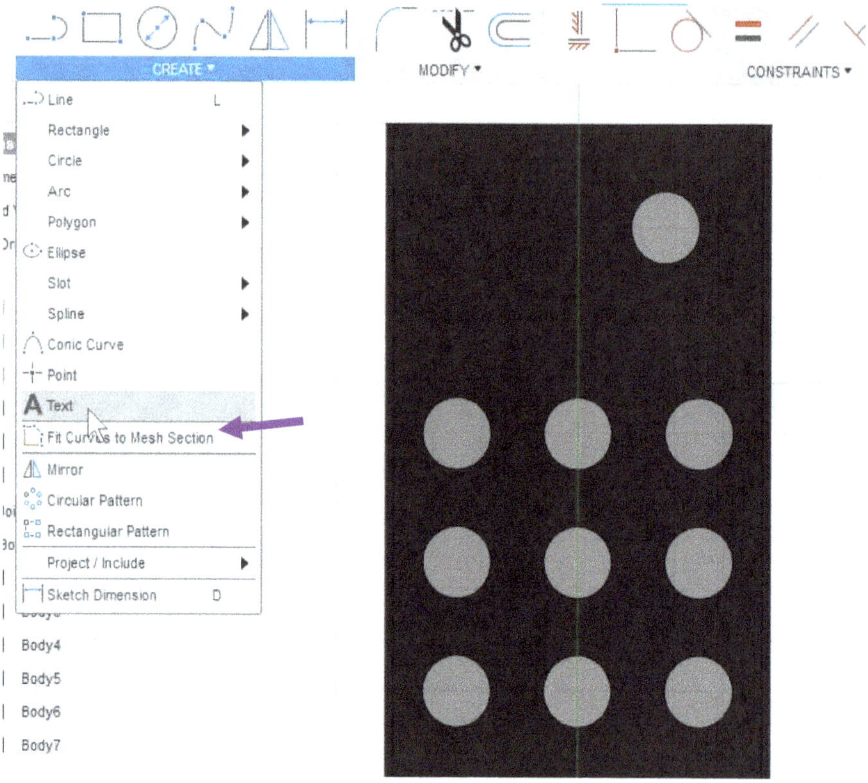

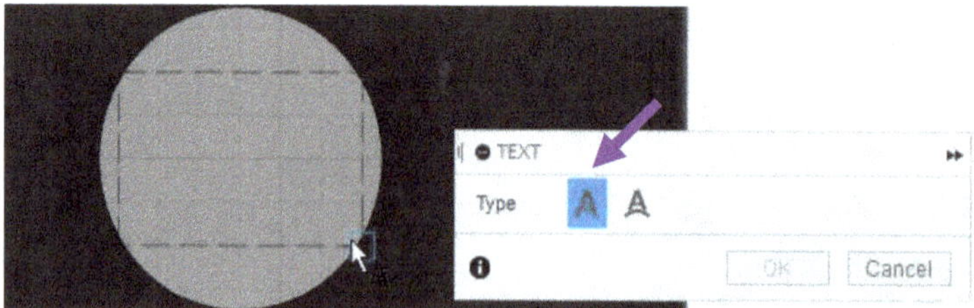

Comme type, nous avons besoin d'un texte simple. Ensuite, nous devons dessiner un rectangle de délimitation pour le contenu du texte. C'est assez similaire à ce que nous faisons dans Microsoft Word ou dans des programmes similaires. Nous dessinons le premier champ de texte dans la zone du premier bouton et inscrivons un texte, par exemple "I/O" pour le bouton marche/arrêt. Dans les paramètres, nous pouvons encore modifier le type de texte, la taille de la police et l'alignement si nécessaire.

Pour la deuxième zone de touches, nous dessinons une nouvelle zone de texte, mais cette fois-ci sur toutes les touches comme indiqué. Nous inscrivons ensuite les chiffres de 1 à 9 et les positionnons à l'aide des paramètres de manière à ce qu'ils se placent correctement sur les touches. Par exemple, nous mettons deux paragraphes entre chaque ligne et définissons le paramètre "Character Spacing" sur la valeur "270". Nous ajoutons également un espace entre les chiffres. Enfin, nous définissons la hauteur du texte avec la valeur 2.7, afin que les chiffres soient bien centrés sur les touches.

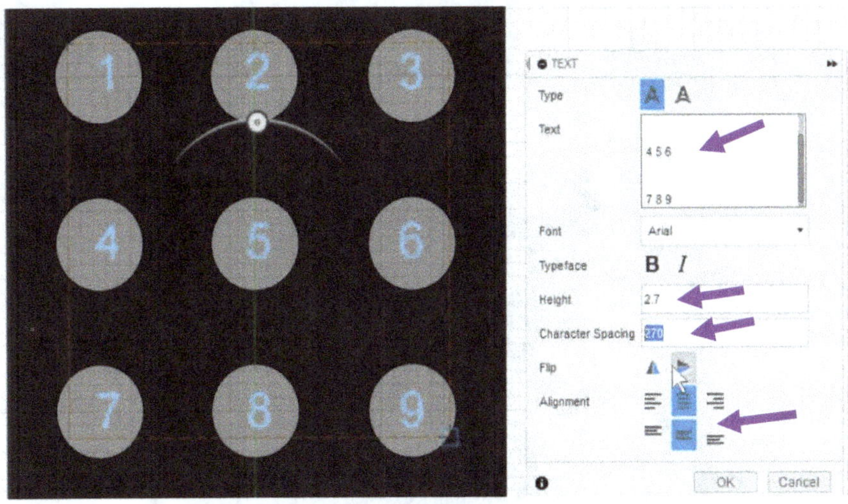

Nous procédons de la même manière avec les trois boutons inférieurs. Ici, nous voulons créer un symbole "+" et un symbole "-".

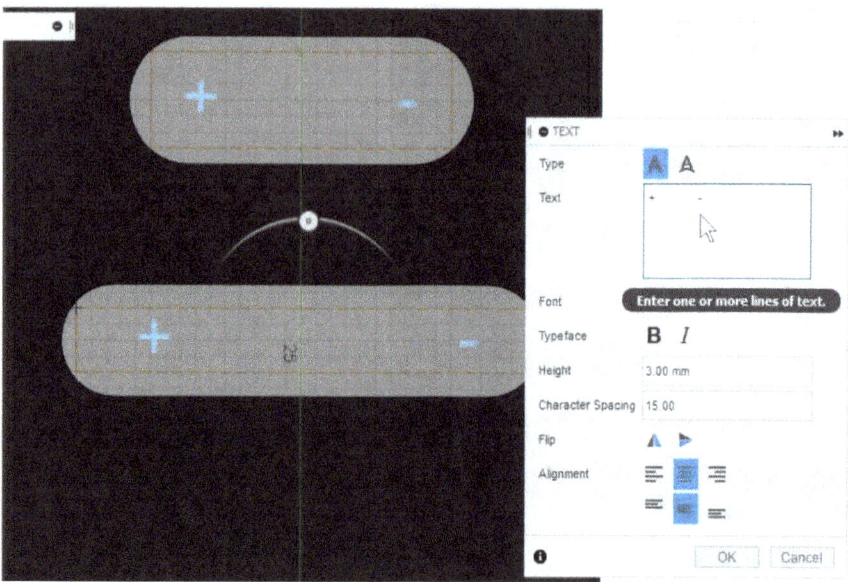

Pour le gaufrage, nous pourrions maintenant utiliser la commande "Emboss" ou son option "Deboss".

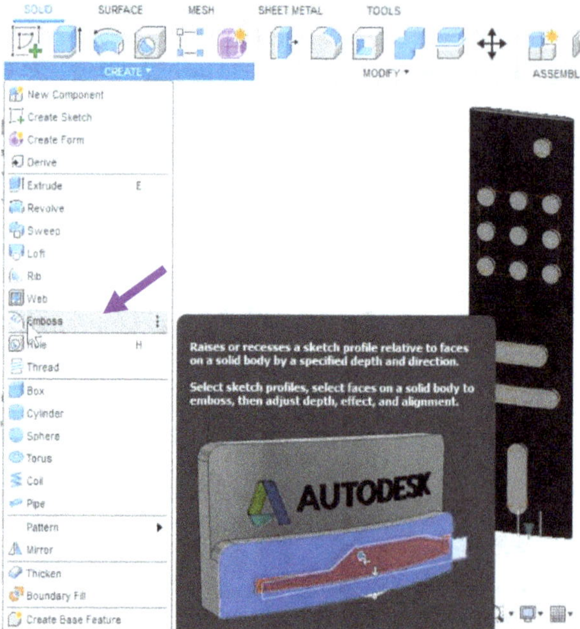

Comme nous devons toujours sélectionner une surface de gaufrage en plus d'un profil pour cette commande, nous devrions ici exécuter une commande séparée pour chaque touche. Dans ce cas, ce gaufrage peut être réalisé plus facilement et plus rapidement avec "Extrude". Nous réutiliserons la commande "Emboss / Deboss" à titre d'illustration dans le dernier projet. Pour l'extrusion, nous allons maintenant simplement sélectionner tous les champs de texte et extruder - 0,2 mm avec l'option "Cut".

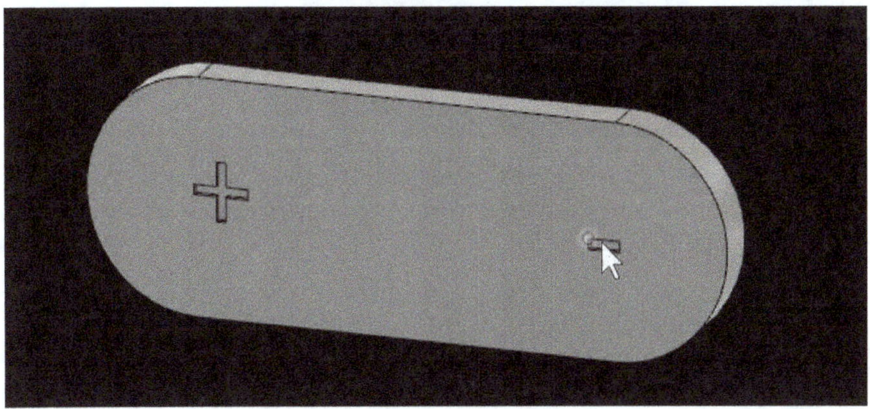

Nous avons maintenant presque terminé ce projet. Pour finir, nous créons comme d'habitude quelques congés. Pour les deux arêtes inférieures, nous choisissons un rayon de 0,5 mm.

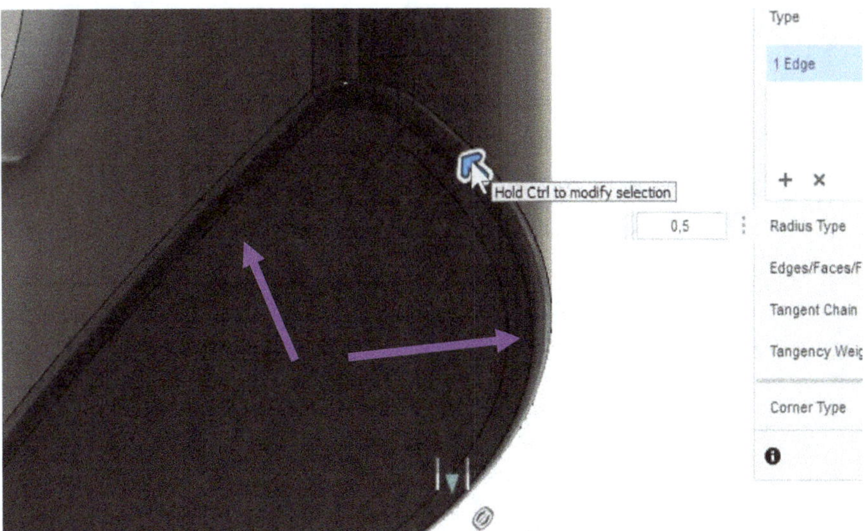

Pour les bords des touches, nous choisissons un rayon de courbure de 0,1 mm, il suffit de sélectionner les faces supérieures.

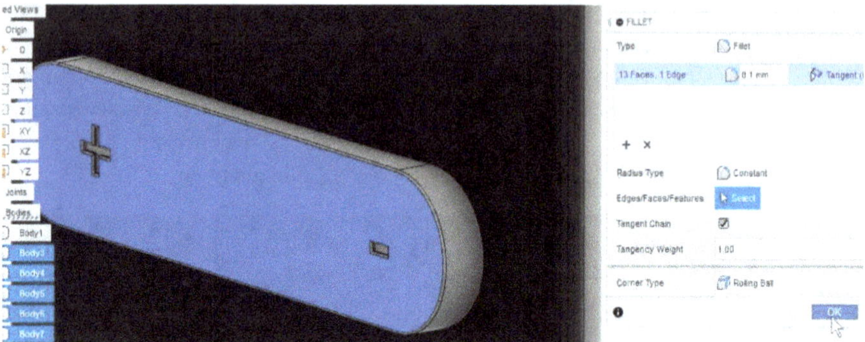

Il nous reste maintenant un projet de construction. Dans ce dernier projet, nous allons construire une pince à pompe à eau ou une pince à tuyau, qui sera plutôt cool. Cela vaut donc la peine de continuer !

11 Projet 10 : Pince à pompe à eau / Pince à tuyaux

Dans ce chapitre, nous allons créer une pince à pompe à eau ou une pince serre-tube qui ressemblera à ceci :

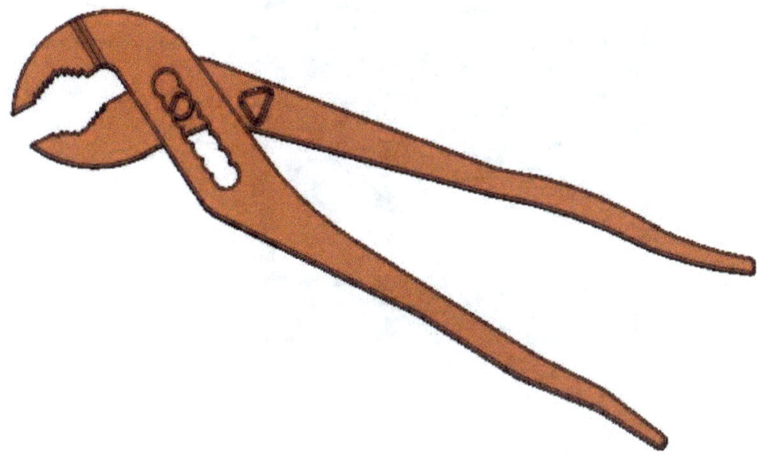

Pour créer cette géométrie ou ce composant relativement complexe, nous utilisons une astuce. Si nous avons une image d'un composant, nous pouvons facilement copier sa section dans Fusion 360 à partir de cette image.

Pour cela, il suffit de charger l'image dans le programme. Vous pouvez facilement trouver une image d'un composant ou, dans ce cas, d'une pince, en utilisant Google Recherche d'images.

Il n'est pas non plus nécessaire qu'il s'agisse exactement de la même chose, mais veillez à ce qu'elle soit prise d'en haut, le plus verticalement possible. Pour insérer l'image dans le programme, utilisez la commande "Canvas" du menu "Insert".

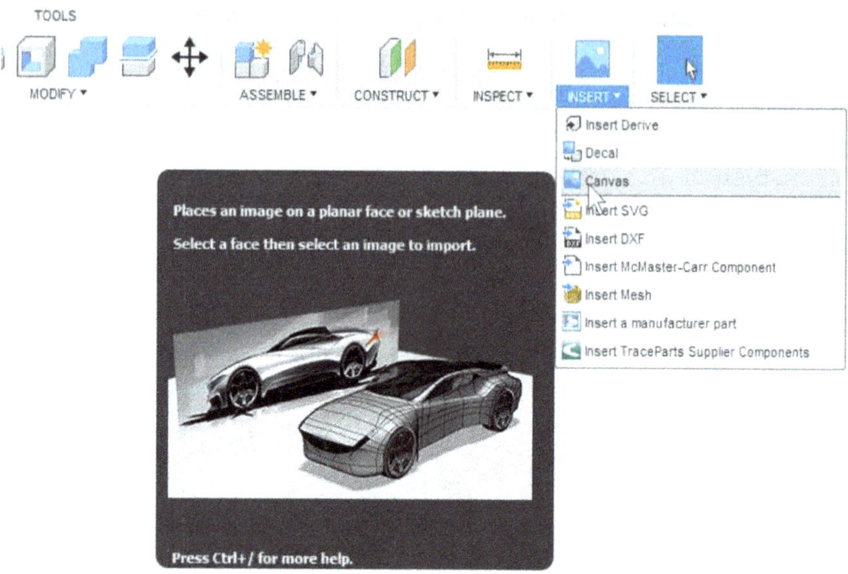

Nous sélectionnons "Insert from my computer" et indiquons le chemin de l'image.

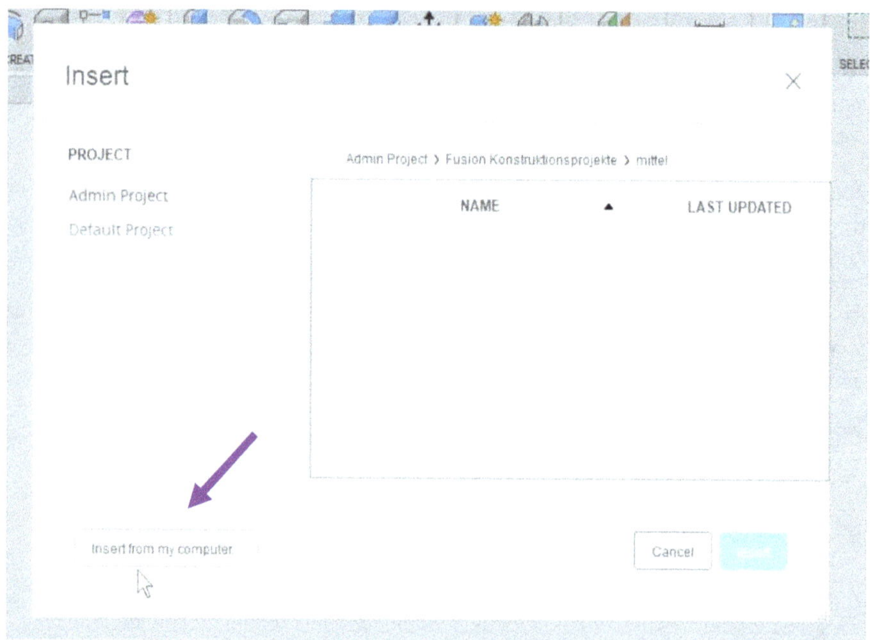

Nous devons ensuite sélectionner un calque sur lequel placer l'image. Par exemple, le plan x-y, car nous voulons voir la pince d'en haut. Dans les paramètres, nous pouvons encore déplacer ou redimensionner l'image. Nous redimensionnons l'image dans le plan x-y, par exemple avec un facteur de 16.

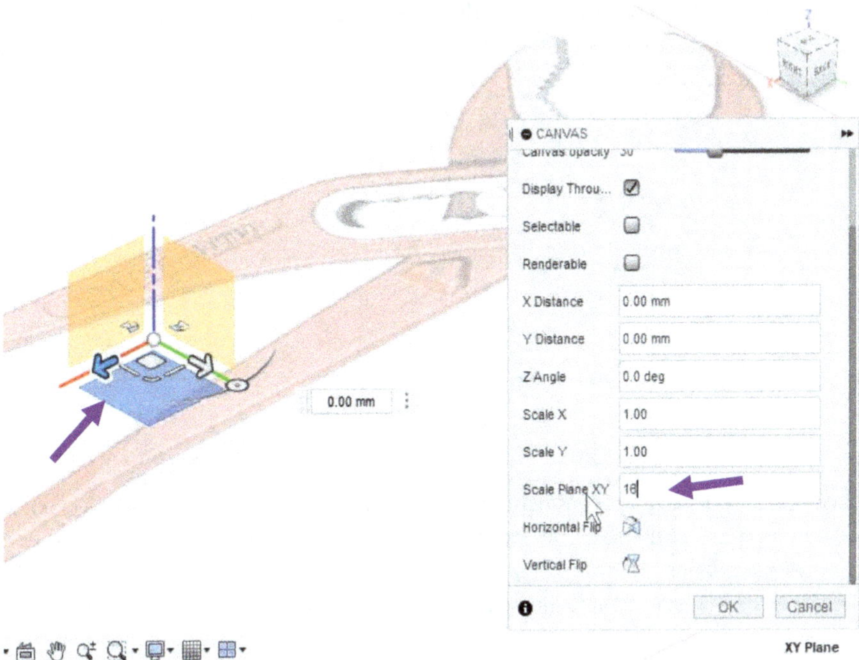

J'ai testé ce facteur à l'avance pour que les dimensions de la pince aient finalement un sens. De plus, nous pouvons modifier la transparence de l'image dans les paramètres si nous le souhaitons. Par exemple, nous la réglons à 30.

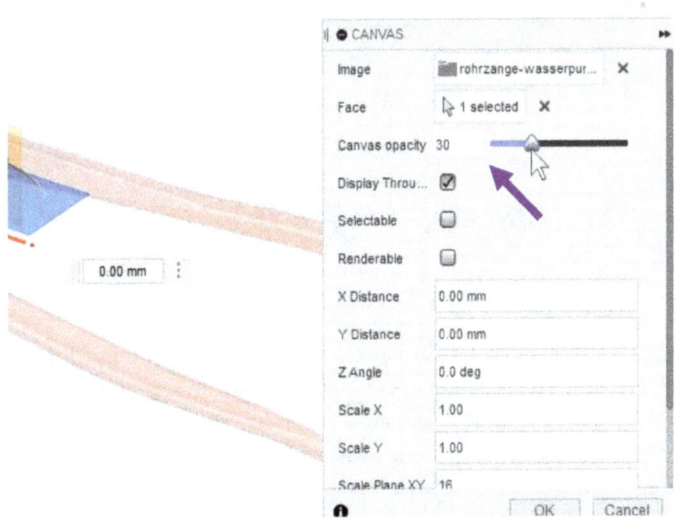

Nous avons ainsi notre modèle dans le programme, que nous allons copier pas à pas pour créer la pince. La première esquisse est réalisée sur le plan x-y. Si nous réfléchissons brièvement à la manière dont la pince est construite, nous voyons qu'elle est constituée de deux composants qui s'emboîtent l'un dans l'autre, que nous appelons les branches.

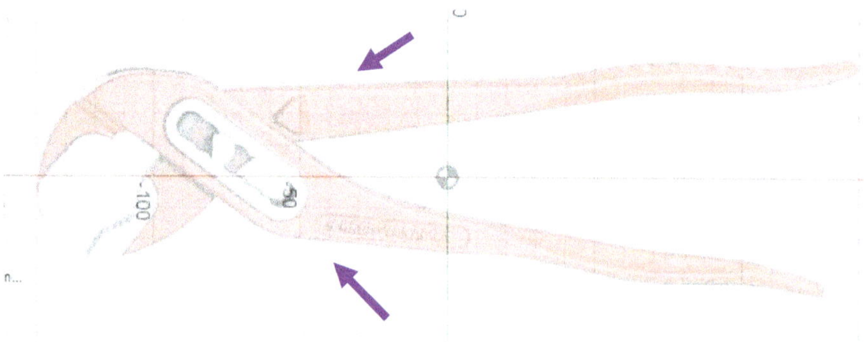

Dans cette esquisse, nous commençons par tracer l'une des deux branches de la pince à l'aide de lignes et d'arcs sur les bords du contour. Nous commençons par la section centrale du premier composant, qui abritera plus tard le mécanisme de réglage. Il suffit de tracer des lignes individuelles sur les arêtes du contour, comme indiqué, aussi précisément que possible.

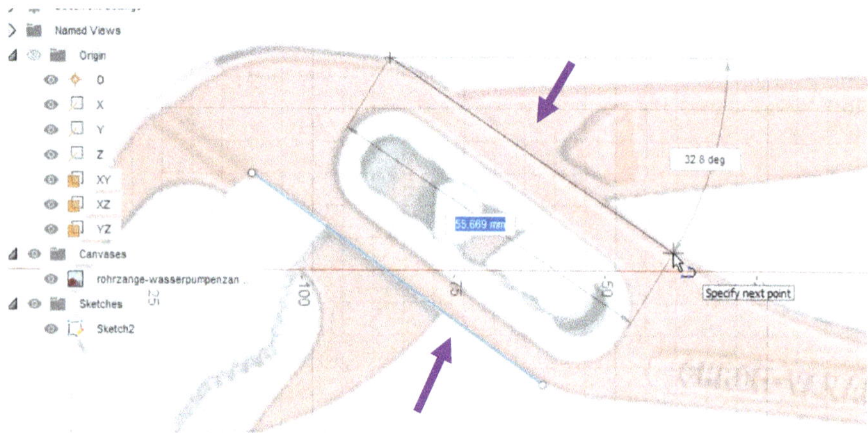

Nous pouvons d'abord reproduire le contour à l'aide de lignes simples. Par la suite, nous pouvons ajouter des arrondis. Pour les arrondis importants, comme dans cette zone, nous pouvons également utiliser un arc à 3 points. Dans la partie avant de la pince, nous essayons de reproduire le mieux possible le motif en zigzag des mâchoires de la pince avec des lignes.

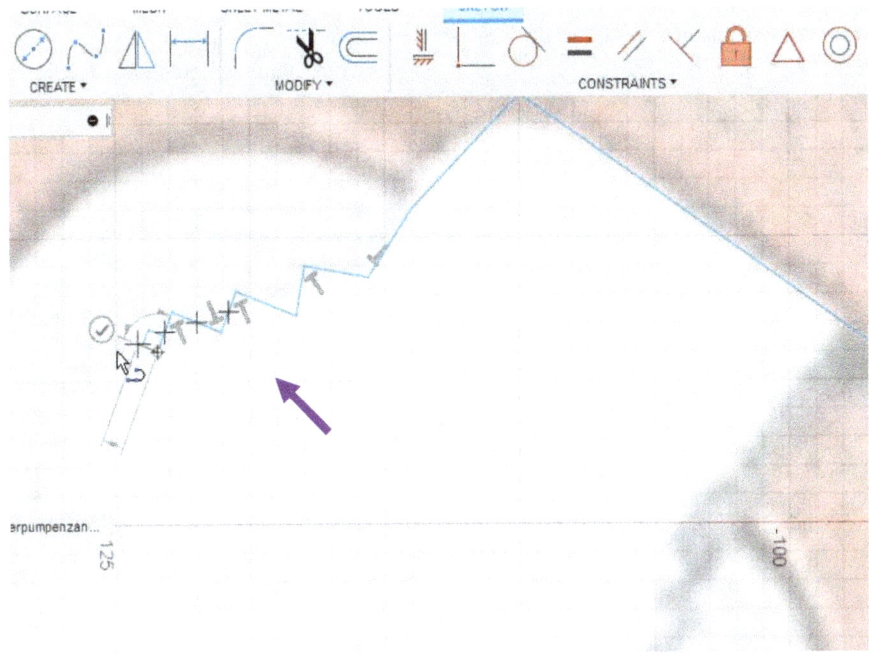

En fonction de l'échelle et de la qualité de l'image, vous ne verrez pas grand-chose ici et devrez dessiner à main levée du mieux que vous le pourrez. Nous fermons ensuite la partie supérieure du premier composant avec un arc à 3 points.

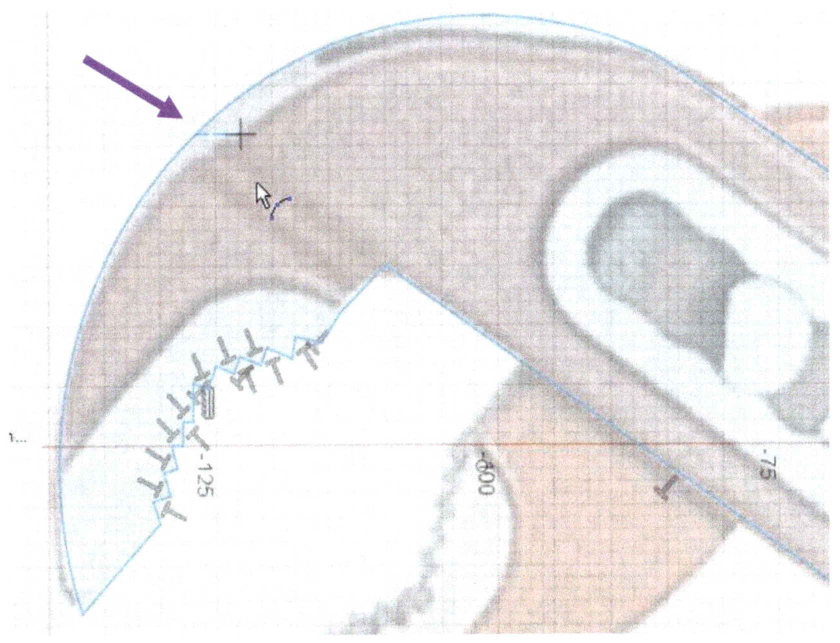

Dans l'étape suivante, nous ajoutons les arrondis déjà annoncés à la forme encore très anguleuse du profil. Il vous suffit ici d'arrondir comme vous le souhaitez et à votre convenance.

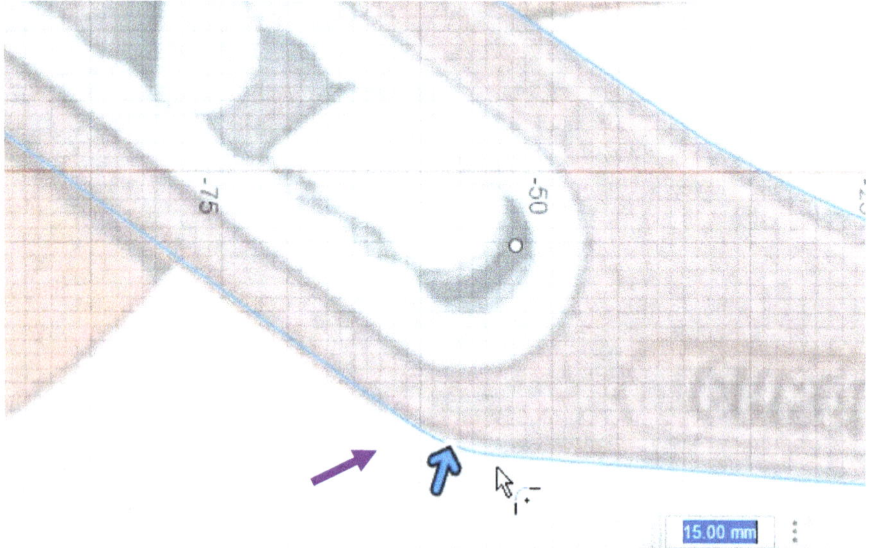

Ensuite, nous créons la zone centrale, qui appartient au mécanisme de réglage de la pince. Nous pouvons la créer assez facilement à partir de plusieurs cercles contigus. Placez les deux cercles extérieurs aussi bien que possible. Une ligne de construction doit relier ces deux cercles en leurs points centraux.

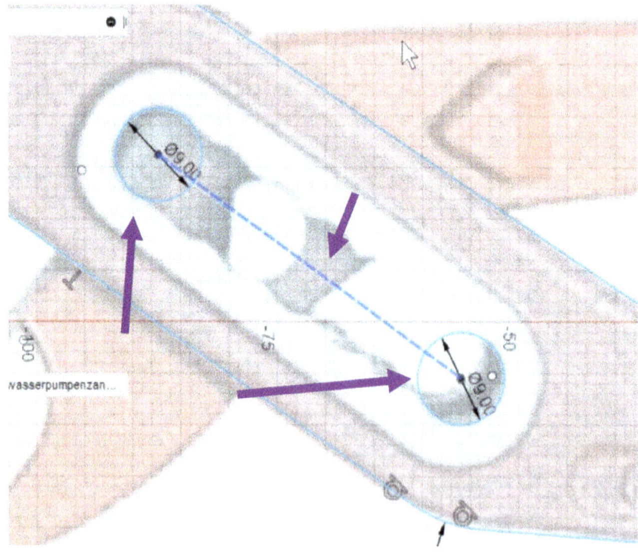

Nous créons tous les autres cercles avec la commande "Rectangular Pattern". Pour ce faire, nous sélectionnons le premier cercle et passons ensuite à "Directions" dans les paramètres afin de pouvoir déterminer la direction. Nous le faisons en sélectionnant la ligne de construction. La commande est alors exécutée le long de cette direction. Nous augmentons le nombre et l'espacement des cercles pour qu'ils soient à peu près alignés avec l'image.

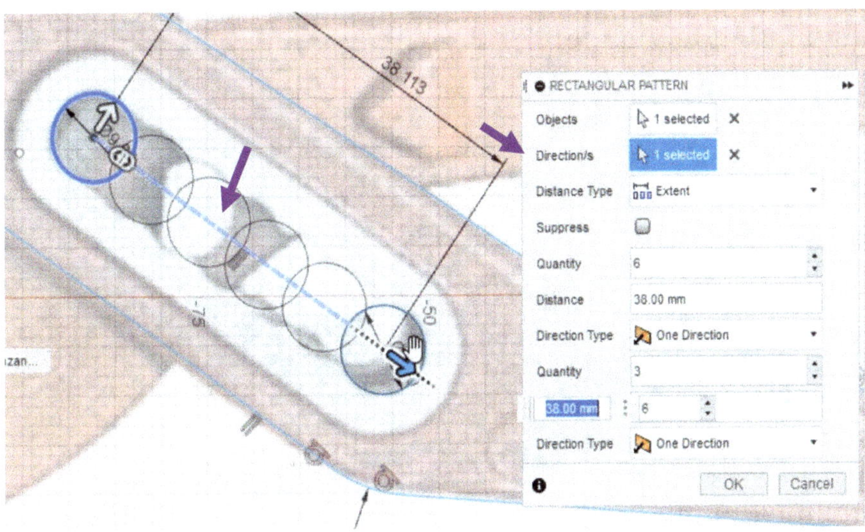

Il nous reste à supprimer les segments d'arc superflus à l'aide de la fonction "Trim".

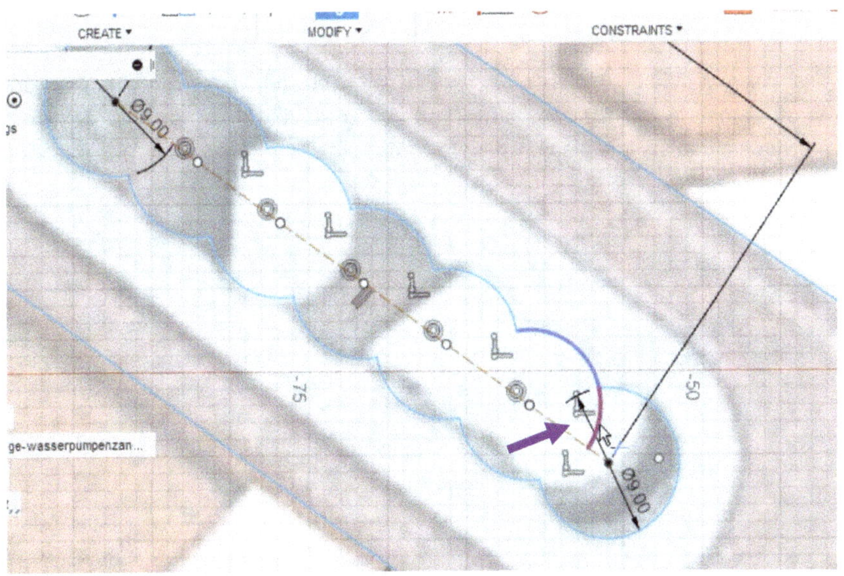

Nous avons maintenant une première esquisse grossière de la géométrie de la section transversale du premier composant. Nous pourrions maintenant l'affiner en réalisant une cotation complète. N'hésitez pas à le faire en tant que tâche fastidieuse. Comme cela allongerait inutilement le volume du cours, nous ne ferons pas de cotation ici et nous nous contenterons de la géométrie grossièrement esquissée, qui est également tout à fait suffisante pour nos besoins. Nous allons définir complètement la géométrie esquissée d'une autre manière. Nous utiliserons pour cela la relation "Fix" de la section "Constraints", après avoir sélectionné toutes les entités d'esquisse.

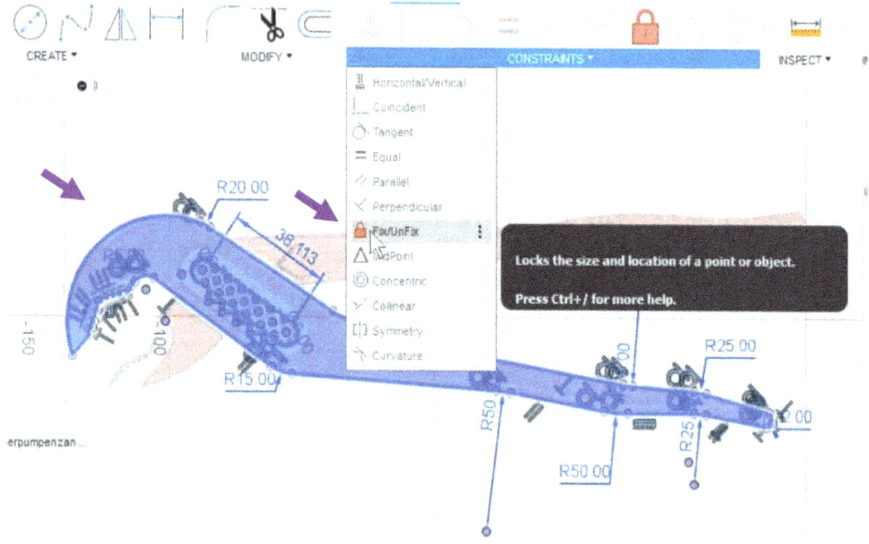

Il n'est plus possible de déplacer quoi que ce soit. Nous pouvons maintenant extruder le profil esquissé sur 10 mm. Il est préférable d'utiliser à nouveau l'extrusion symétrique afin d'avoir le plan x-y dans le composant.

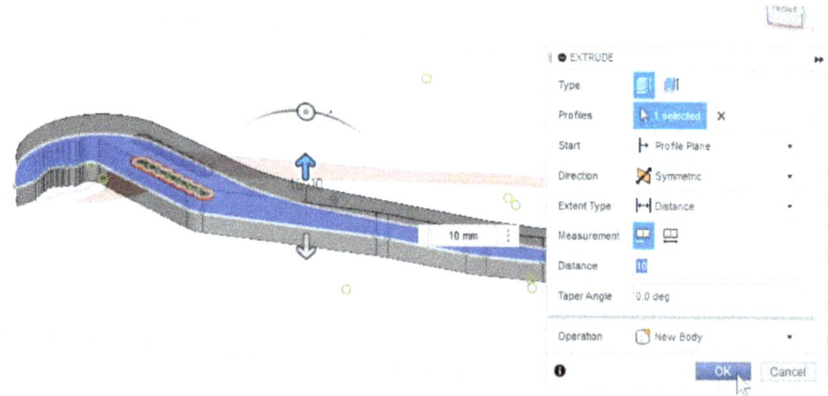

Ainsi, la première branche de la pince est presque terminée. Cependant, nous avons encore besoin de deux ajustements. Dans la zone de la tête de la pince, nous avons tout d'abord besoin d'une découpe, qui est créée très simplement avec un rectangle à 3 points sur la face supérieure et la fonction "Extrude".

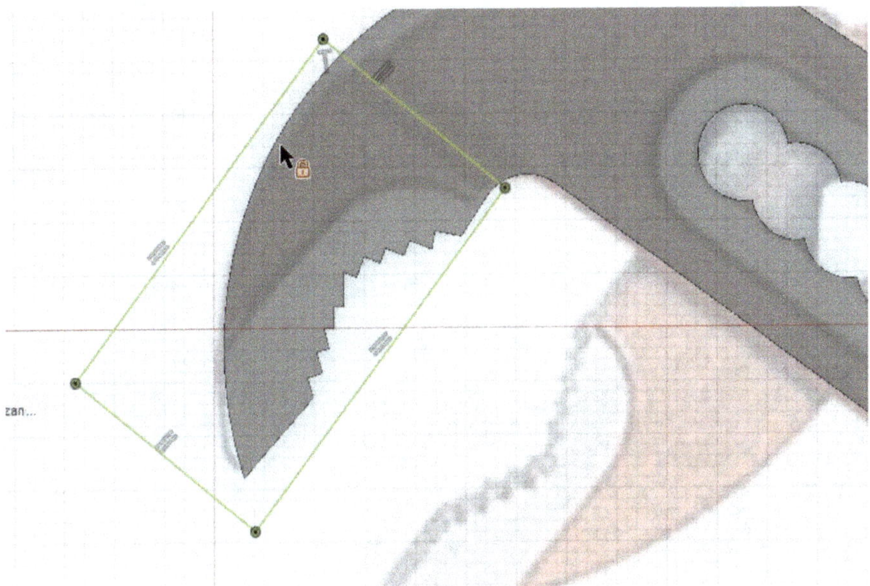

Dans ce cas, nous choisissons par exemple une dimension de - 3,5 mm.

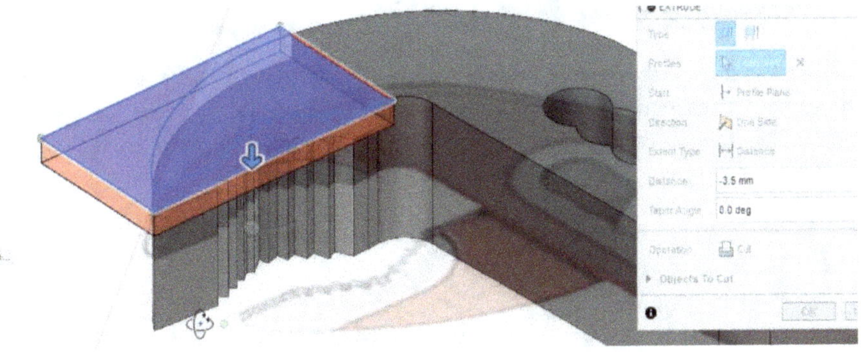

Comme nous avons aussi besoin de cette section de l'autre côté, nous la reflétons sur le plan x-y.

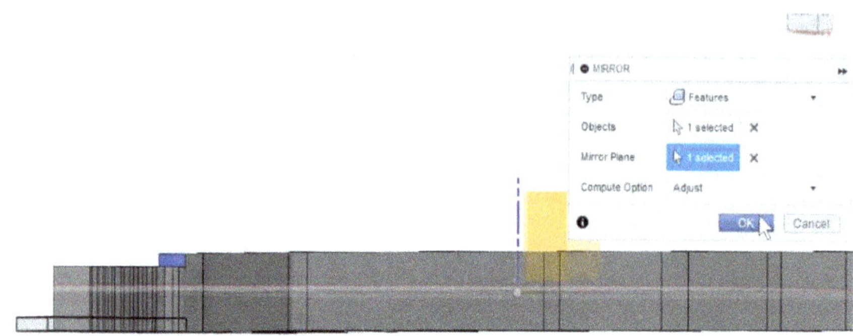

Dans la zone de transition, nous pouvons encore créer des arrondis de 2 mm chacun.

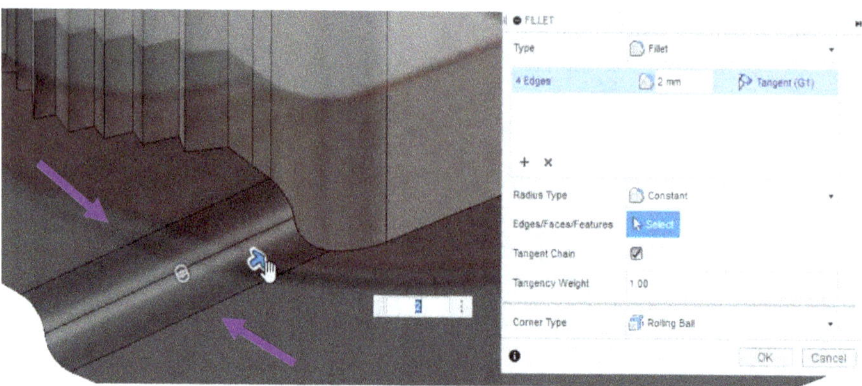

La dernière chose à faire est de créer une découpe dans le segment central du premier composant, dans lequel le deuxième composant sera placé. Pour ce faire, nous créons un profil rectangulaire sur la surface arrière, que nous extrudons ensuite avec l'option "Cut".

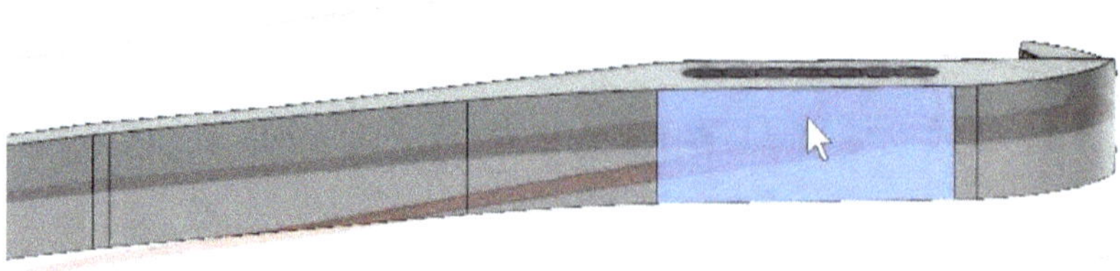

Nous créons d'abord les dimensions du profil au feeling, puis nous les adapterons plus tard à la deuxième branche de la pince.

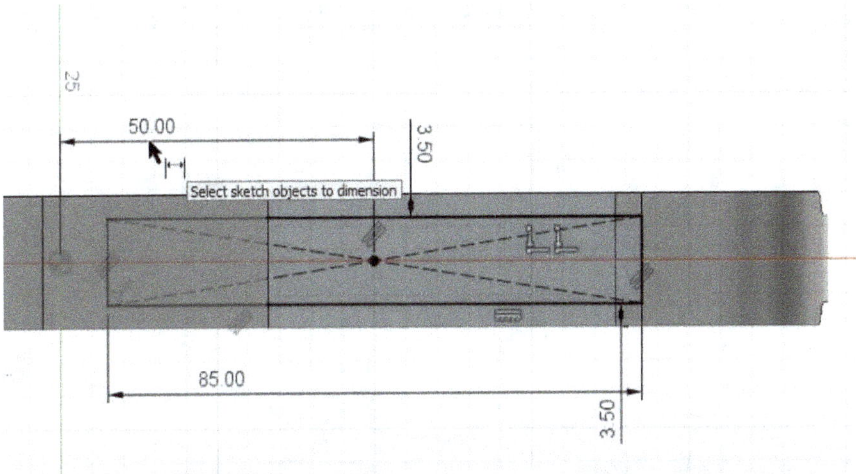

Pour sélectionner le profil, nous pouvons également masquer temporairement le corps.

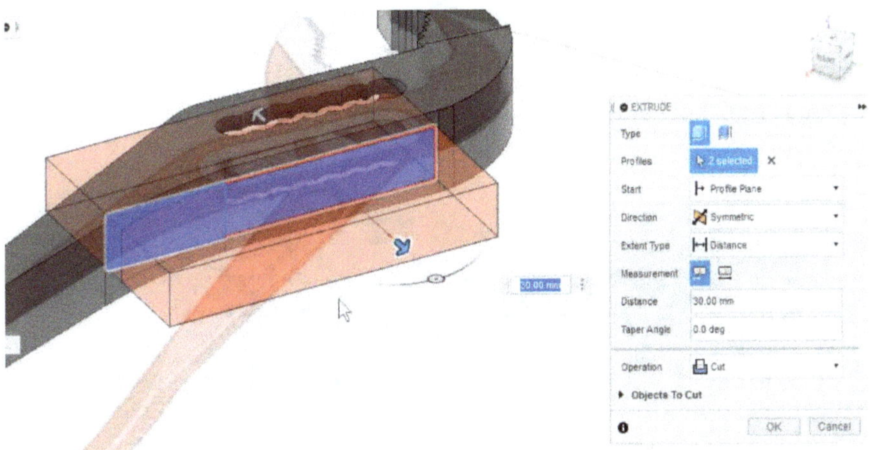

La première branche de la pince est maintenant terminée et nous pouvons créer la seconde branche en suivant une procédure identique. Pour cela, nous devons d'abord créer un nouveau composant. Sur le plan x-y du nouveau composant, nous dessinons ensuite le deuxième profil. Si l'image est trop transparente à cette étape, nous pouvons modifier cette valeur en cliquant avec le bouton droit sur l'image et en sélectionnant "Edit" dans "Opacity".

Nous dessinons ensuite la géométrie de la section transversale du composant à l'aide de lignes et d'arcs en nous basant à nouveau sur le contour. Après avoir ajouté des congés, nous pouvons terminer l'esquisse et extruder le profil en mode 3D de manière symétrique.

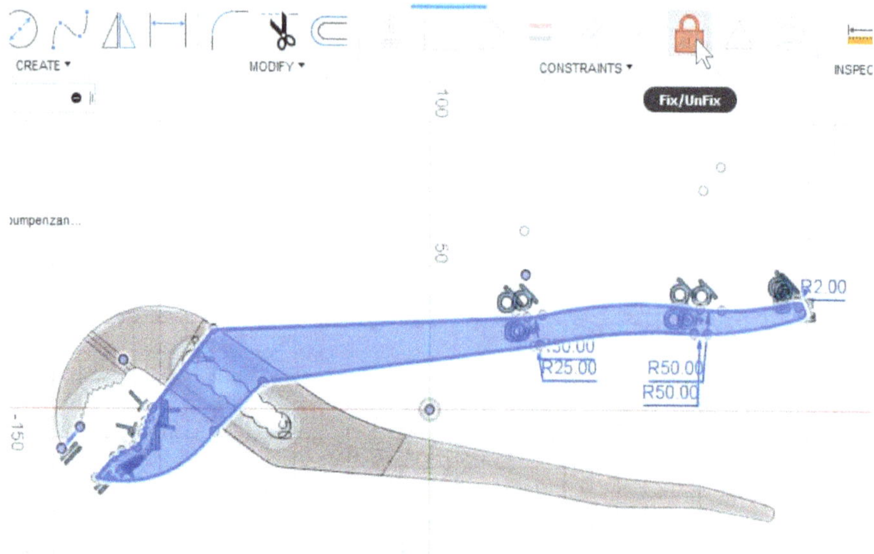

Dans notre cas, nous avons besoin d'une dimension de 6,25 mm.

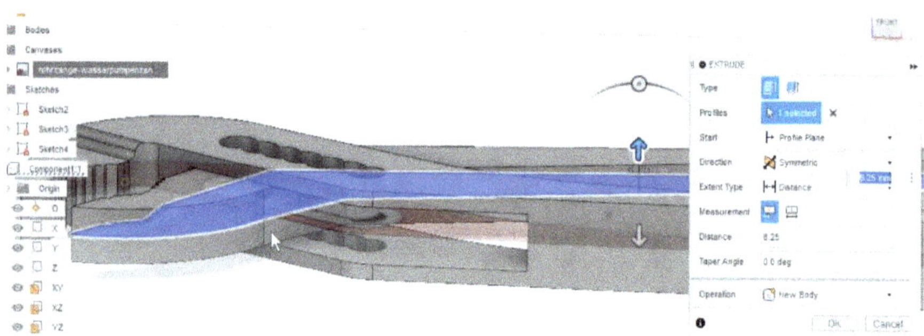

La deuxième branche de la pince est alors presque terminée elle aussi. Il nous faut encore deux éléments : le mécanisme de réglage au centre et un élément triangulaire pour la butée.

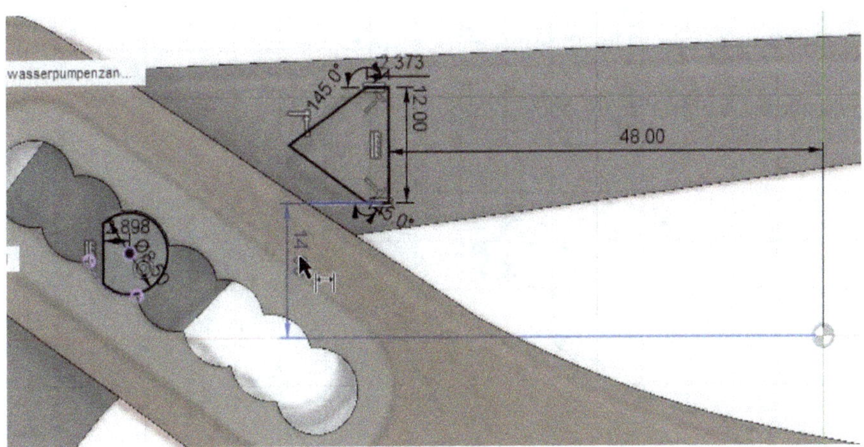

Nous la créons à l'aide d'une esquisse et d'une extrusion. L'extrusion doit aller jusqu'à la face supérieure de l'autre composant, c'est pourquoi nous sélectionnons dans les paramètres "Extent Type" : "To Object" puis simplement cette face.

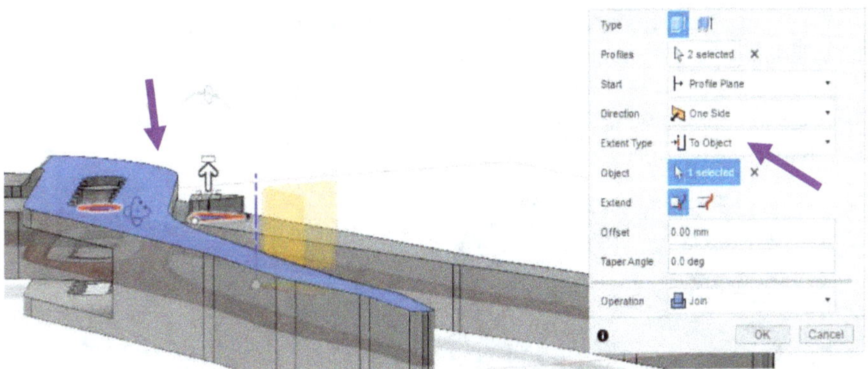

Nous avons également besoin de ces deux éléments de l'autre côté, c'est pourquoi nous les reflétons sur le plan x-y. Si la réflexion ne fonctionne pas - comme c'est le cas pour moi et peut-être aussi pour vous en ce moment - sélectionnez l'option "Identical" au lieu de "Adjust" dans "Compute Option" dans les paramètres. Cela devrait fonctionner.

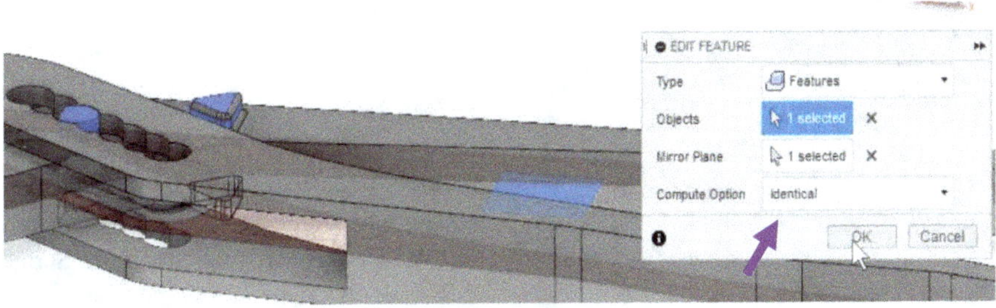

Cela ressemble maintenant à une pince. Si le corps de la pince se trouve dans le mauvais dossier de composants, vous pouvez facilement le faire glisser vers le bon composant dans l'arborescence, comme vous pouvez le voir ici :

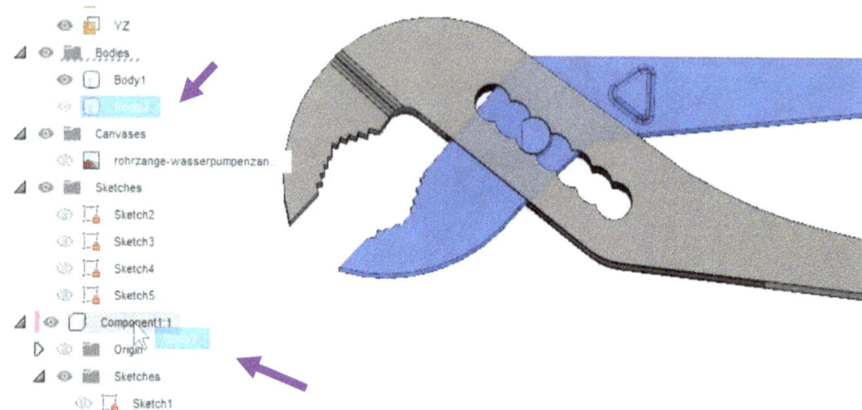

Très bien, nous voulons maintenant relier les deux branches de la pince à l'aide d'une articulation. Pour ce faire, nous choisissons le pivot rond du mécanisme de réglage et l'un des trous prévus à cet effet dans l'autre composant. Placez les origines de l'articulation comme indiqué et choisissez le type d'articulation "Pin-Slot" pour une rotation et une possibilité de mouvement linéaire.

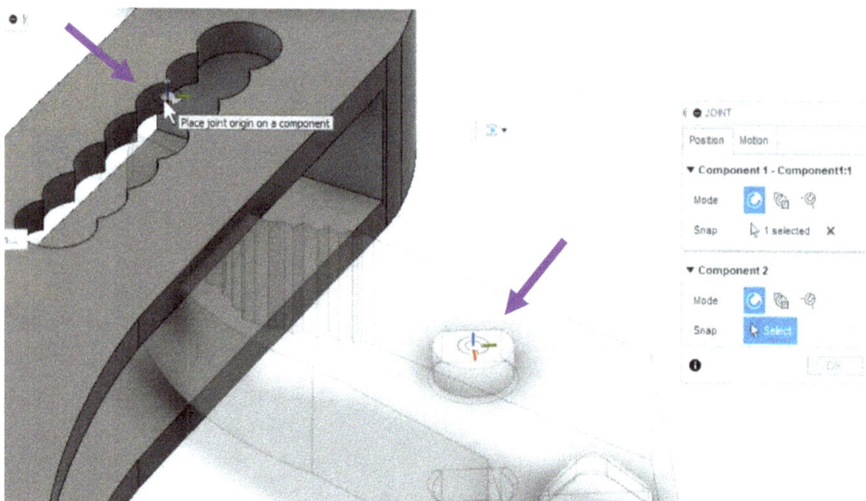

Dans les paramètres, nous pouvons maintenant ajuster les axes pour les mouvements. L'axe de rotation "z" convient, mais l'axe du mouvement linéaire n'est pas correct dans ce cas. Dans les paramètres d'articulation, nous passons donc à "Custom" pour "Slide"

et cliquons simplement sur le bord latéral de la pince, qui est parallèle à notre direction de mouvement.

En cliquant avec le bouton droit de la souris sur l'articulation et en sélectionnant "Edit Joint Limits", nous pouvons à nouveau définir les limites de l'articulation. Dans ce cas, nous pouvons définir deux limites pour la rotation et deux limites pour le mouvement linéaire. Vous pouvez passer d'un type d'articulation à l'autre à l'aide du menu déroulant dans les paramètres. Pour "Slide", nous définissons par exemple -12,5 mm pour le minimum et 25,5 mm pour le maximum.

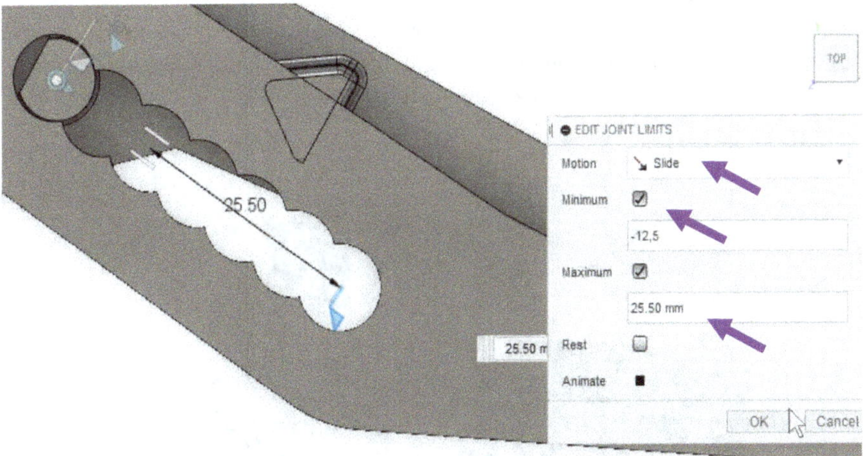

Pour l'instant, nous limitons la rotation à -2 degrés au minimum et +65 degrés au maximum. Nous devrons éventuellement affiner cela plus tard.

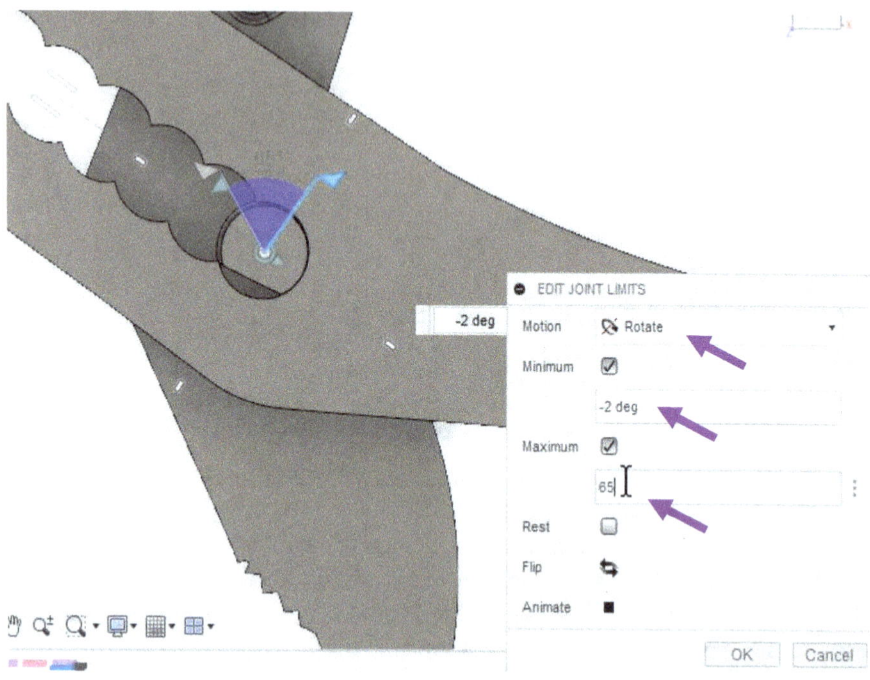

Nous avons maintenant presque terminé. Nous devons cependant nous pencher à nouveau sur la découpe du premier composant car, comme nous pouvons le constater, ses dimensions ne sont pas encore adaptées.

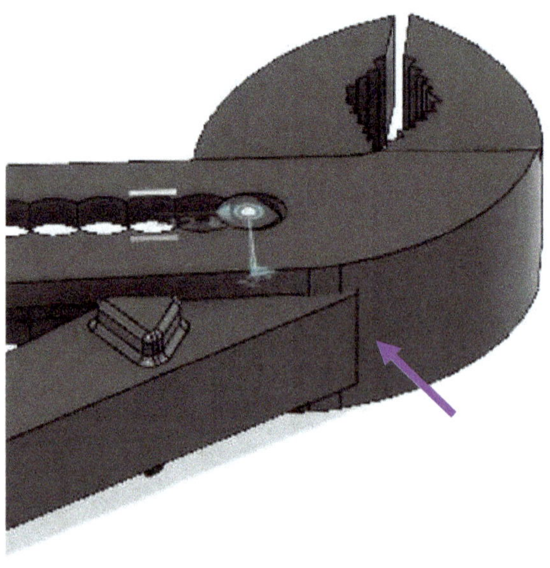

Nous redimensionnons et déplaçons le profil rectangulaire jusqu'à ce que le deuxième composant ait suffisamment d'espace pour se déplacer librement.

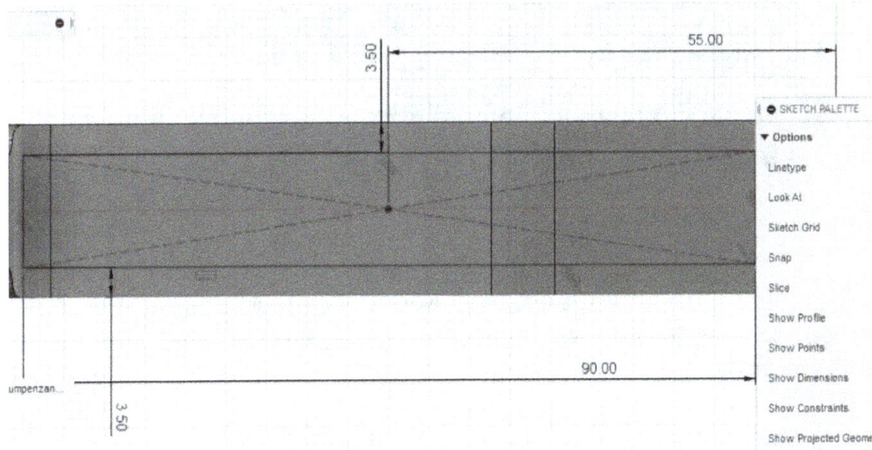

Ensuite, nous ajustons également les limites de la rotation de l'articulation une fois de plus. Dans ce cas, -4 degrés pour le minimum et +25 degrés pour le maximum conviennent mieux.

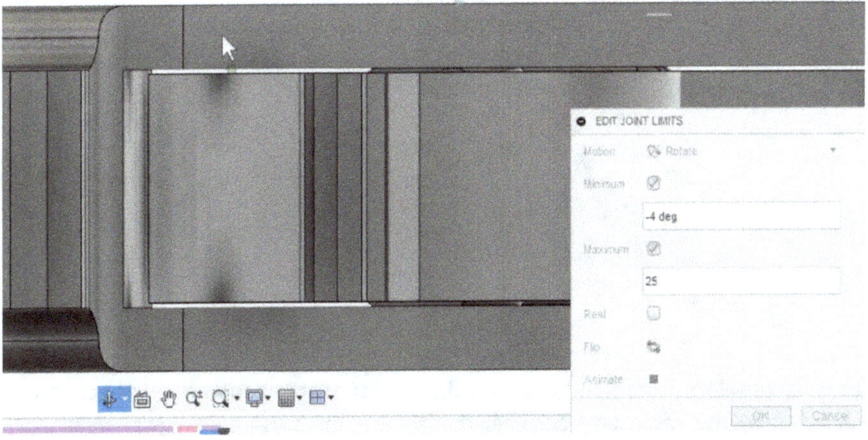

Ensuite, nous arrondissons encore quelques bords selon nos goûts et nos envies.

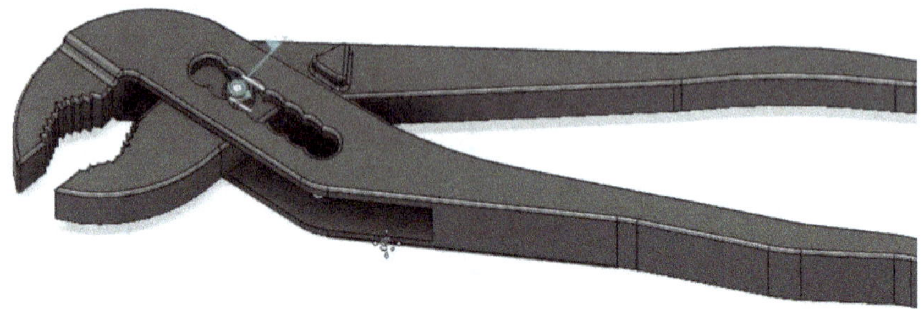

Enfin, nous masquons l'image que nous avons utilisée pour le calque et modifions l'apparence avec "Appearance". Nous pourrions par exemple choisir une peinture rouge métallisée.

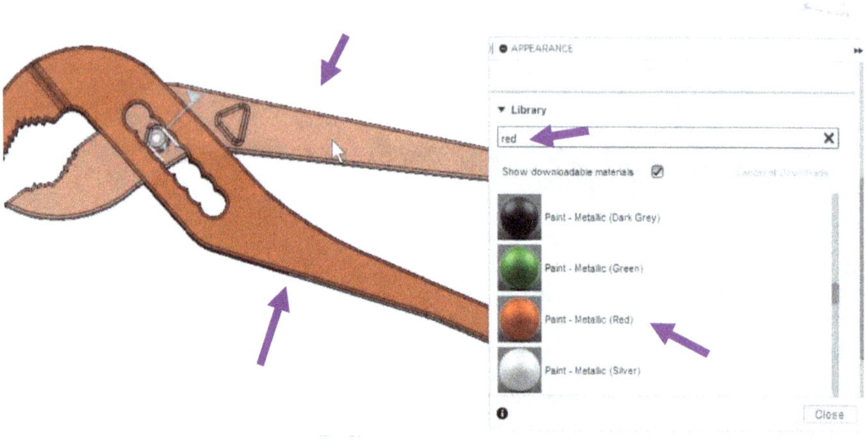

La pince est alors prête ! En faisant un clic droit sur l'articulation et en sélectionnant "Animate Model", nous pouvons également voir le mécanisme de réglage de la pince en action.

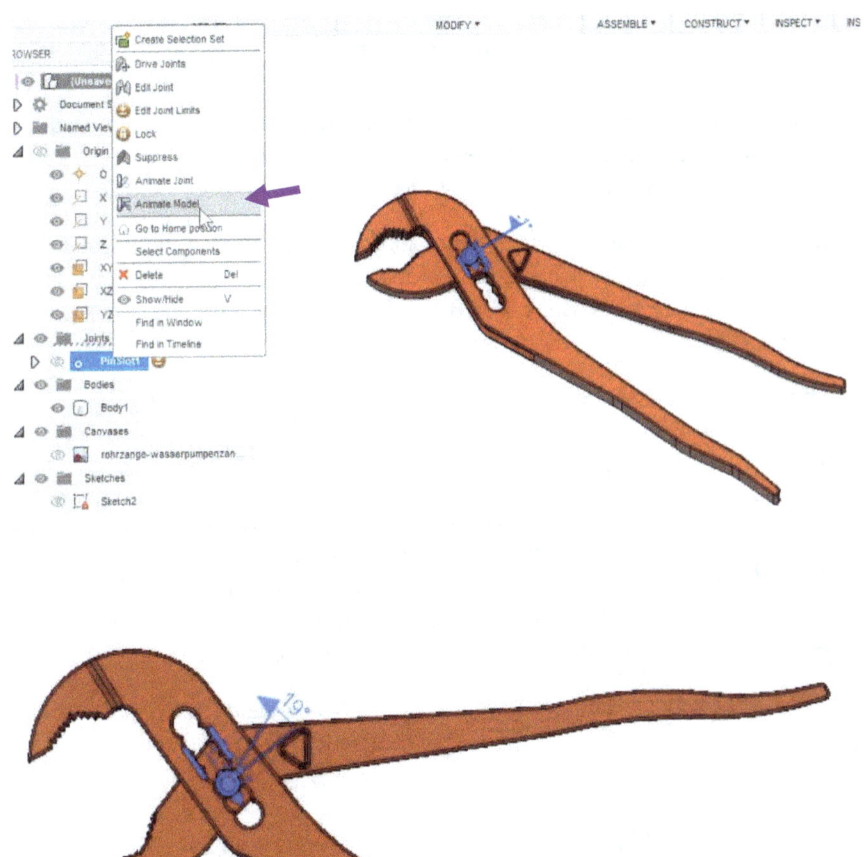

Vous pouvez ensuite arrêter l'animation en appuyant sur la touche ESC. C'est parfait !
Nous en avons terminé avec les projets de conception !

Mot de la fin

Excellent ! Vous avez réussi, avec ce chapitre nous terminons la première partie du cours avancé de conception CAO dans Fusion 360 ! A ce stade, vous devriez déjà avoir acquis de bonnes compétences en conception CAO avec Fusion 360.

Ensemble, au cours de ce cours, nous avons construit beaucoup d'objets formidables, découvert de nouvelles fonctions et approfondi des fonctions de base. Nous avons donc fait du chemin ! Vous avez raison d'être fier de vous si vous êtes arrivé jusqu'à cette leçon ! Félicitations !

Comme vous pouvez vous en douter, ce cours de conception CAO sera suivi d'une deuxième partie similaire, qui traitera d'objets de conception de niveau moyen à complexe. N'hésitez pas à jeter un coup d'œil à la suite ! Vous pourrez alors vous considérer comme un professionnel !

Et si vous souhaitez voir vos objets de construction en 3D, n'oubliez pas de jeter un coup d'œil à l'impression 3D. C'est très amusant et très utile de pouvoir matérialiser vos propres constructions.

Utilisez mon cours : *"L'impression 3D | Un guide étape par étape"* et commencez dès aujourd'hui !

Si vous avez apprécié le cours avancé de conception CAO dans Fusion 360, je serais personnellement très heureux que vous me laissiez une évaluation et un bref commentaire, et que vous recommandiez le cours à d'autres personnes ! Cela aidera également d'autres personnes intéressées à prendre leur décision. Merci beaucoup et à bientôt.

Livres sur des sujets que vous pourriez également apprécier

Tous les livres sont disponibles en ligne sur les principales plateformes de vente. Il est préférable de rechercher le titre ou de visiter ma page d'auteur. Certains livres peuvent ne pas encore être publiés et ne seront pas disponibles avant un certain temps. Jetez un coup d'œil aux livres de votre choix et recevez-les chez vous sous forme de livre électronique ou de livre de poche !

Impression 3D :

CAO, FEM, FAO (Création d'objets 3D, Conception, Simulation) :

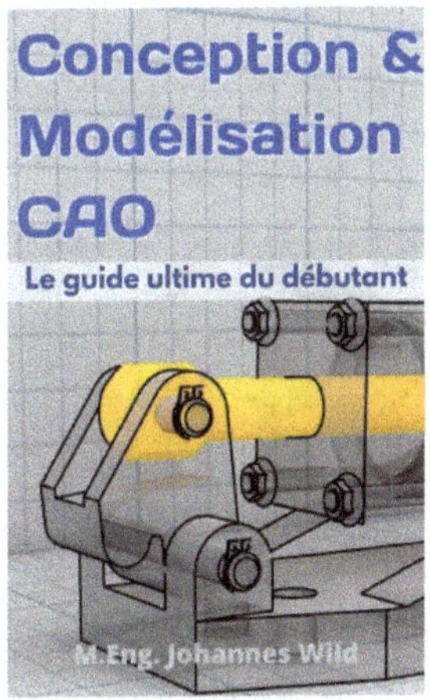

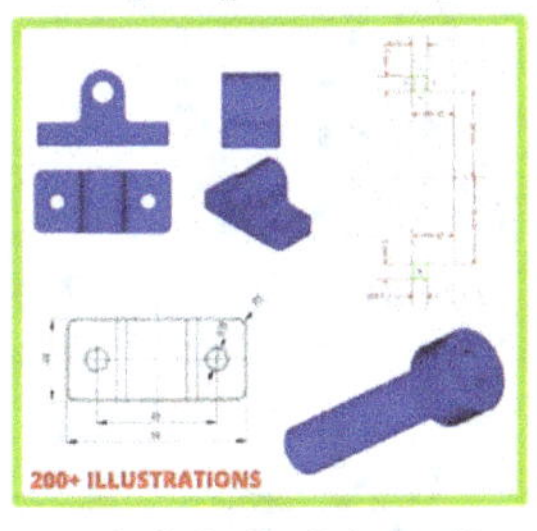

Conception CAO, Simulation FEM
& FAO pour les débutants. Le guide
complet de la Fusion 360 d'Autodesk !

M.Eng. Johannes Wild

10 projets de conception CAO
de niveau facile à moyen expliqués pour
les utilisateurs avancés

M.Eng. Johannes Wild

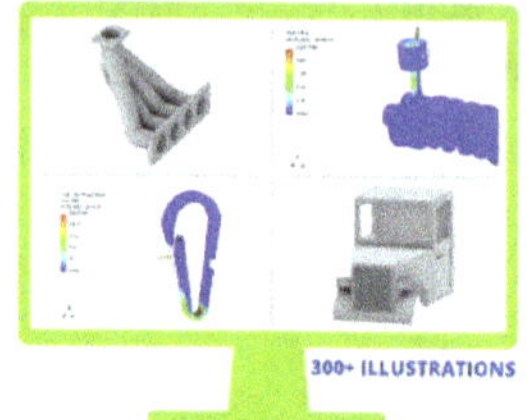

Conception CAO et Simulation FEM
avec Autodesk Inventor pour les Débutants

M.Eng. Johannes Wild

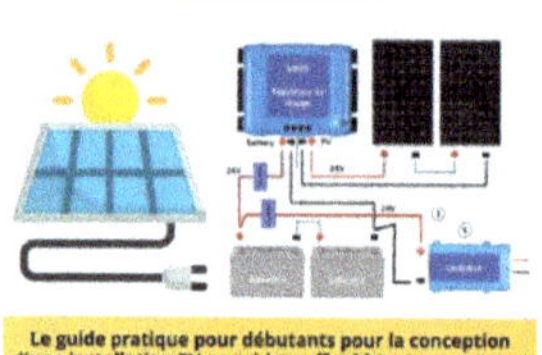

Bases, composants & circuits
expliqués pour les débutants

M.Eng. Johannes Wild

Ingénierie électrique :

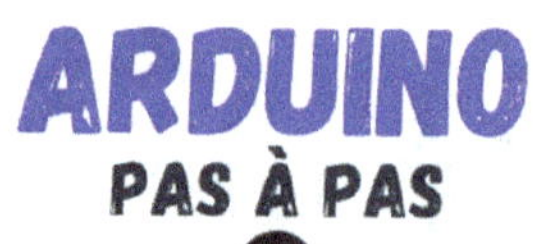

Le guide pratique pour débutants pour la conception
d'une installation PV on-grid ou off-grid (autonome) avec
stockage sur batterie pour la maison, le camping-car, ...

M.Eng. Johannes Wild

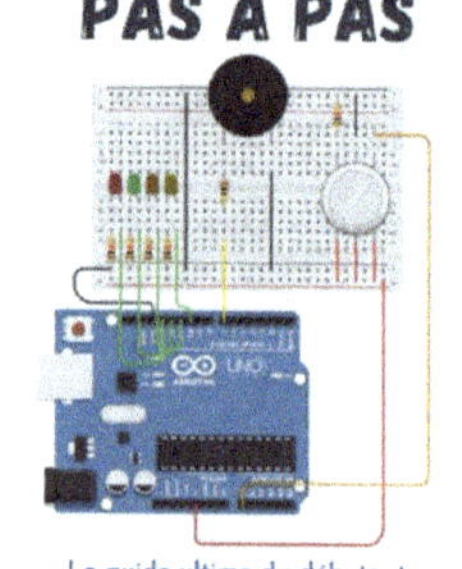

Le guide ultime du débutant
avec les bases du matériel, du logiciel, de la
programmation et des projets

M.Eng. Johannes Wild

Concevoir et programmer des projets
électroniques basés sur Arduino avec Tinkercad

M.Eng. Johannes Wild

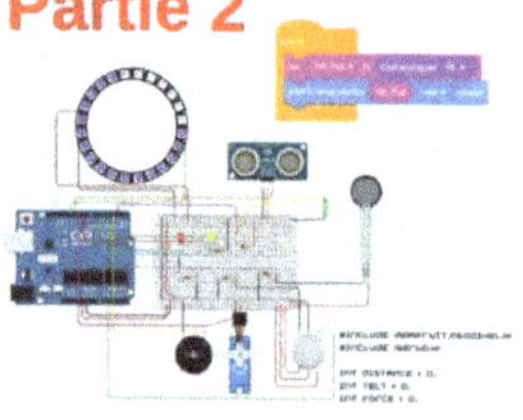

Concevoir & programmer des projets
électroniques avancés basés sur Arduino
avec Tinkercad

M.Eng. Johannes Wild

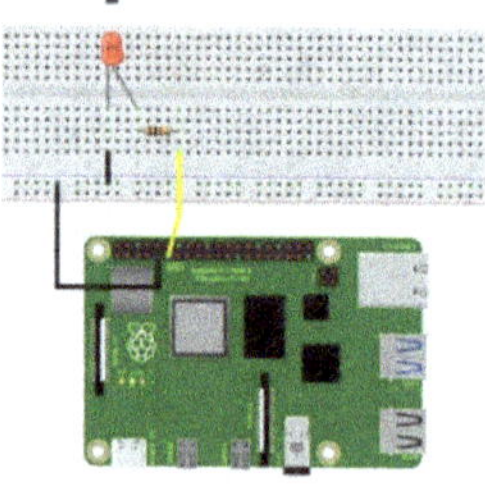

Le guide ultime du débutant avec
les bases du matériel, du logiciel,
de la programmation et des projets

M.Eng. Johannes Wild

Programmation et autres logiciels :

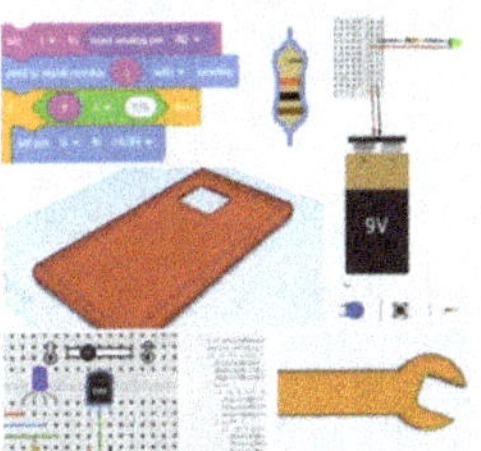

Des cours vidéo identiques sont également disponibles pour certains de ces livres :

Pour l'achat, vous pouvez vous décider sur la plateforme d'apprentissage "Udemy" :

Recherchez mon nom sur www.udemy.com :

M.Eng. Johannes Wild ou utilisez le lien suivant :

www.udemy.com/courses/search/?src=ukw&q=m.eng.+johannes+wild

Inscrivez-vous dès aujourd'hui et approfondissez vos connaissances !

Mentions légales de l'auteur / de l'éditeur

© 2023

Johannes Wild
c/o RA Matutis
Berliner Straße 57
14467 Potsdam
Germany

Courrier électronique : 3dtech@gmx.de

Cette œuvre est protégée par le droit d'auteur

L'œuvre, y compris ses parties, est protégée par le droit d'auteur. Toute utilisation en dehors des limites strictes de la loi sur les droits d'auteur est interdite sans l'accord de l'auteur. Ceci s'applique en particulier à la reproduction électronique ou autre, à la traduction, à la diffusion et à la mise à disposition du public. Aucune partie de l'œuvre ne peut être reproduite, traitée ou diffusée sans l'autorisation écrite de l'auteur !

Toutes les informations contenues dans ce livre ont été rassemblées en toute bonne foi et ont été soigneusement vérifiées. Toutefois, ce livre est uniquement destiné à des fins éducatives et ne constitue pas une recommandation d'action. En particulier, aucune garantie ni responsabilité n'est donnée par l'auteur et l'éditeur quant à l'utilisation ou la non-utilisation des informations contenues dans ce livre. Les marques et noms d'usage cités dans ce livre restent la propriété exclusive de leurs auteurs ou détenteurs respectifs.

www.ingramcontent.com/pod-product-compliance
Lightning Source LLC
LaVergne TN
LVHW010456200726
843506LV00002B/125